CONCEPTUAL
ARCHITECTURE

CONCEPTUAL
ARCHITECTURE

PUBLISHERS
Carles Broto & Josep Mª Minguet

EDITOR
Federico Orozco G.

EDITORIAL TEAM
Graphic and Layout Design: Federico Orozco G.
Text: Roberto Pérez Guerras

© Spanish language
Instituto Monsa de Ediciones, S.A.
Gravina, 43
08930 Sant Adrià de Besòs. Barcelona, Spain.
Tel.: 34 93 381 00 50. Fax: 34 93 381 00 93
E-mail: monsa@monsa.com
ISBN: 84-95275-91-0

© All languages (except Spanish)
Carles Broto i Comerma
Ausias Marc 20, 4-2
08010 Barcelona, Spain
Tel: +34 93 301 21 99 Fax: +34 93 302 67 97
E-mail: info@linksbooks.net
ISBN: 84-89861-77-3
Deposito Legal-B.39311-02
Printed in Spain

ROBERTO PEREZ-GUERRAS

intro

creatividad y detalle

La imaginación creativa de este profesional español, europeo, enraizado con el cálido mar Mediterráneo, aplicada a un profundo conocimiento del desarrollo tecnológico y científico que han caminado conjuntamente en la conquista del espacio, ha sido la constante en la creación de ROBERTO PÉREZ-GUERRAS desde sus inicios en la aproximación del quehacer arquitectónico, en el que sus obras y su acondicionamiento del medio dan respuesta a las cuestiones derivadas del fin primordial de su obra, socialmente estudiado en interiores y siempre al encuentro de la creación estética exterior, como un símbolo destinado a la integración en el paisaje.

El conjunto de sus actuaciones desarrolladas a lo largo de más de un cuarto de siglo, entre ellas, los primeros pasos en España en el diseño de edificios inteligentes, le caracterizan como uno de los especialistas españoles con mayor proyección de futuro.

Podría considerarse como un punto de encuentro en la eterna polémica entre los historiadores del urbanismo y los estudiadores de la arquitectura al haber sabido encontrar, a caballo entre los siglos XX y XXI, las consignas que hicieron posible la asociación inicial de residencia-movimiento que marcó el inicio de las civilizaciones.

Por otra parte, y quizás por su experiencia didáctica, se trata de uno de los profesionales que mejor ha sabido allanar las dificultades en la transmisión de sus conocimientos, conceptos y propuestas al equipo humano y multidisciplinar en el que ha encontrado la herramienta más acertada para abarcar actuaciones en los campos de la edificación, en el de la ordenación de las zonas turísticas y hasta en el diseño de parques temáticos para el ocio, tantas veces complementarias y siempre, para este profesional singular, orientadas al perfil completo de las funciones para las que fueron requeridas.

Ha sido premiado, con méritos humanitarios y culturales, y reconocido en las Academias de Bellas Artes de Valencia, Barcelona y Sevilla que cuentan con él entre sus miembros. Pese a su gran actividad profesional, siempre está en contacto con los últimos avances y las nuevas tecnologías, que le han ido permitiendo concretar en realizaciones estas ideas por él asumidas. Arquitectura, Urbanismo e Ingeniería constituyen el trípode sobre el que proyectan las respuestas del futuro, generalmente orientadas a los espacios para la convivencia.

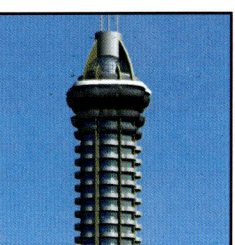

creativity & detail

Right from his early beginnings, the creative imagination of this professional, at once Spaniard and a European, with roots in the warm Mediterranean Sea, applied to a profound knowledge of technological and scientific development, working hand-in-hand in the conquest of space, has been a constant in the way ROBERTO PEREZ-GUERRAS has conceived his architectural activities. His creations and conditioning of the environment respond to the questions that spring from the fundamental aim of his work, socially studied in interiors and always at the meeting point of external aesthetic creation, as a symbol destined for integration in the landscape.

The scope of his activities, developed over more than a quarter of a century, which include the first steps in Spain in the design of intelligent buildings, characterize him as one of the Spanish specialists with the greatest vision of the future. He can be viewed as a nexus in the eternal controversy between the historians of town planning and the intellectuals of architecture because, astride the twentieth and twenty-first centuries, he has known how to discover the watchwords that made possible the initial association of residence and mobility, that marked the beginning of civilization.

At the same time, and perhaps due to his teaching experience, he is one of the professionals who has best known how to eliminate all difficulties in the transmission of his knowledge, concepts and ideals to the human and disciplinary team in which he has found the ideal tool for undertaking building construction activities, the planning of tourists areas and the design of theme parks, aspects which so frequently complement each other and, for this extraordinary professional, are always oriented towards achieving a complete profile of all the functions required of them.

He has won numerous cultural and humanitarian awards, and been recognised by the Fine Arts Academies of Valencia, Barcelona and Seville, which count him amongst their members. In spite of his extensive professional activity he is always in touch with the latest advances, the new technologies that have allowed him to bring these ideas into those already assumed. Architecture, Town Planning and Engineering form the tripod on which he projects the answers for the future, generally directed towards spaces for co-existence.

la arquitectura y sus conceptos.

Por el Ilmo. Académico Roberto Pérez-Guerras.

Cuando por la Editorial se me propuso redactar la introducción de este libro que, de alguna forma, recoge algo más de mis 25 años de experiencia profesional, lo acepté gustoso ya que se me brindaba la oportunidad de revisar los motivos por los que mis colegas y yo hemos trabajado juntos en la realización de los proyectos que en él van apareciendo. Han sido varios centenares de proyectos los que se han hecho realidad en esta época que comienza aproximadamente en la segunda mitad de la década de los 70 y alcanza hasta el último trabajo que figura en este libro.

La recopilación de proyectos que aparecen en este libro denotan la diversidad de trabajos emprendidos, la amplitud y la repercusión de la obra desarrollada en estas décadas. Además, he podido observar que pese al transcurso del tiempo, los objetivos que han dado pie a las obras presentadas, a pesar de su distinta época, función y finalidad, gozan ya de una coherencia de planteamientos y criterios que se han mantenido y reafirmado. Esta actitud de revisión de las obras aquí presentadas ha desvelado el proceso mental que ha regido y rige el desarrollo de nuestros diseños.

La imaginación creativa como evolución cultural, la originalidad y la búsqueda de la obtención de espacios para la convivencia, allí donde antes no se habían valorado, se desprenden como objetivos de este proceso de diseño. No en vano, la creación de nuevas ideas como resultado de un laborioso proceso de investigación y de análisis de las circunstancias que concurren, es un trabajo que me apasiona.

En la actividad profesional mi Equipo y yo siempre hemos tenido la inquietud de estar en contacto con aquellos últimos avances tecnológicos que sirvan para mejorar las relaciones sociales dimanantes de la agrupación prolongada de personas en un espacio edificado, buscando las alternativas de diseño más ventajosas y sin olvidar el decisivo componente económico. Quizás mi experiencia didáctica y la libertad con que cada uno asume siempre un trabajo concreto, ha permitido allanar las dificultades que conlleva la transmisión de conocimientos, conceptos y propuestas que pueden aparecer cuando se trabaja compartidamente con distintos profesionales que aún siendo de un mismo equipo se encuentran distantes geográfica y culturalmente en nuestros diferentes Estudios profesionales.

conjuntos residenciales

El proceso de diseño basado en la búsqueda del pasado cultural ha llevado a replantear los atributos de la ciudad interior, por otro lado casi olvidados por el desarrollo industrial y por la irrupción del automóvil, nos llevó a plantearnos como objetivo el diseño de espacios comunitarios que fomenten la comunicación entre las personas que allí residen, no en vano como creativos tenemos la responsabilidad social de dotar nuestros conjuntos edificados de espacios de interrelación humana. Este objetivo, unión de lo privado y lo público, sin que ninguno de ambos pierdan su hegemonía ha impulsado las directrices de los trazados de nuestros proyectos residenciales.

Por otro lado, la sensación que producen los lugares experimentados históricamente afectan a todos nuestros sentidos positivamente al hacer reconocible un entorno ubicado en un determinado emplazamiento. Si el tratamiento de estos espacios evoluciona y se actualiza sin perder la sensación experimentada habremos alcanzado otro de los objetivos de igualdad.

La integración del proceso edificatorio con lo natural permite a los residentes volver al encuentro con la naturaleza, los jardines, estanques, fuentes, sobretodo si se utilizan estancias definidas para la practica del deporte. Esta búsqueda de los espacios verdes humanizados, perfectamente maclados con la edificación, se convierte en uno de los objetivos mas valorado, máxime si este espacio natural se desarrolla con el propósito de que sea un espacio de convivencia.

edificios de viviendas

Un planteamiento similar a los objetivos anteriores ha contribuido a lograr soluciones radicales para este tipo de edificios de residencia permanente y situados dentro de la trama urbana de una ciudad.

El proceso de búsqueda del contexto cultural en los edificios de viviendas que resulta esencial en los conjuntos residenciales, no siempre es posible en algunos de estos casos. Lo que se debe hacer es analizar el emplazamiento a distintas horas del día y en distintos días para que su propio entorno, si ya está definido, influya en nuestro proceso creativo. Ver si existen parques próximos, jardines, zonas de convivencia... ya que en último extremo y si carecemos de espacios comunitarios, la solución que tendremos que adoptar será adecuar las rutas de circulación del edificio en un único espacio social. Aún así, si fuese posible, debe de implementarse en el edificio sus propios lugares de convivencia dotados de luz natural y con la máxima vegetación posible. En el sentido vertical el edificio queda fragmentado por las rutas verticales, es por ello que estas estancias de relación se ubican casi siempre en la planta baja o en la cubierta del edificio, mientras en las calles se quedan los trastornos del asfalto y los vehículos motorizados.

Por otra parte, el edificio, aún a pequeña escala, debe tener su identidad y no carecer de sus propios atributos estéticos y formales ya que cualquier expresión arquitectónica ejerce un importante proceso de comunicación con el entorno que se identifica con sus moradores.

¿Alguien dudaría sobre el planteamiento de estos objetivos?. Aún así, yo además agregaría que los edificios residenciales deben disponer de una distribución interior que elimine al máximo los espacios inútiles de paso ya que estos metros cuadrados sobrantes acaban encareciendo considerablemente el coste de la vivienda. La separación del área de noche del área de día dentro de la vivienda, además de dar independencia a las estancias, facilita el ahorro energético.

edificios de oficinas

En el momento actual en que los lugares de trabajo deben adecuarse cada día a nuevas necesidades de espacio y en el que los sistemas de comunicación están empezando a obviar la necesidad de un emplazamiento establecido para un determinado trabajo, ha llevado a considerar a las empresas como un cuerpo vivo que va cambiando según su crecimiento adecuándose a los avances tecnológicos con una gran rapidez. Esto aconseja que las distribuciones interiores y los tabiques utilizados para separación de estancias sean, bien de paneles móviles o ni tan siquiera exista este elemento de separación, llegando asi al concepto de oficina-paisaje que si se le agrega vegetación pasa a convertirse en oficina-jardín. Durante las horas no laborables este lugar se convierte en un espacio de encuentro informal y de relación.

En esta tipología de edificios, las fachadas abren el interior de trabajo al espacio natural exterior por medio de cristales perfectamente tratados para conservación de la energía, dieléctricos y tamizantes de la luz. Al permitir la reordenación de todos los espacios interiores lo único que persiste como inamovible son las rutas de acceso verticales, los conductos de tránsito informático y los locales de servicio. Es más, ya ni tan siquiera son una limitación los sistemas de acondicionamiento del aire, puesto que el sistema partido permite reubicarlo donde se desee.

La búsqueda de la identidad de la obra hay veces que surge donde menos se espera, lo que justifica el estado de tensión creativa que se experimenta cuando se está intentando inventar una forma que además de resolver un programa de necesidades aporte una solución lógica y perfectamente estructurada tanto en su interior como en su reflejo exterior.

Asi, cuando se inició el diseño de Valenmar el esquema de necesidades que tenía en la memoria se coexionó perfectamente con una imagen volumétrica que observé al amanecer cuando circulaba en mi coche hacia Valencia al ver entre los claro-oscuros de la mañana un apilamiento de bloques y tuberías de grandes dimensiones que se estaban utilizando para ampliar la carretera. La contemplación era bellísima en proporciones, tanto que me paré a disfrutar de lo que estaba viendo y el resto ya fue muy fácil. Se trataba de diseñar un edificio que debía de albergar las dependencias de dirección y administración de una empresa internacional de comercialización del mármol y lo que yo había contemplado le daba la carga de solidez que este edificio debía de transmitir.

Cuando el Ayuntamiento de Madrid decidió convocar un concurso de ideas para los edificios de negocios que darían servicio al desarrollo del Recinto Ferial Juan Carlos I, a nosotros se nos encargó el diseño de los dos edificios que definen la puerta simbólica del vial de acceso principal a la Institución Ferial de Madrid y que se ubicarían sobre dos manzanas simétricas de forma triangular que daban frente a una gran plaza circular. Asi fue como concebimos la idea de crear dos planetas en órbita alrededor de esta plaza para reforzar la ingravidez que tiene la investigación, los prototipos y las patentes y que posteriormente, una vez que se han presentado públicamente en feria, contribuyen al desarrollo del mundo. Cada una de estas Esferas Gemelas se soportó por tres cuerpos volumétricos que iban perdiendo su pesadez según se acercaban a ellas.

Esta idea fue perfectamente aceptada por la empresa japonesa Shimizu que los promovió y los construyó, haciendo realidad nuestro diseño.

En los edificios se implantó la idea de oficina-jardín para los espacios interiores de trabajo.

rascacielos y edificios de altura

Finalmente, creo que los rascacielos y otros edificios de gran altura son merecedores de ser considerados en términos de proyecto ecológico. Estoy seguro que el aumento de población en las zonas urbanas como consecuencia de la disminución en las zonas rurales traerá consigo que las ciudades continuen expansionándose con creciente intensidad, por lo que la construcción de este tipo de edificios de altura continuará desarrollándose. Pienso que este tipo de edificaciones, que respetan la edificabilidad, tienen la ventaja de liberar el terreno disponible en la base para así utilizarse para espacios verdes, es la forma de edificación ecológica más adecuada, dotando estas áreas de los deseados espacios para la convivencia. El aire no se remansa y circula libremente y además añadiría que ofrecen una mayor intimidad y soportan un menor nivel de ruido.

Así, cuando inicié el diseño de Neguri Gane le doté de una mínima base (27 m. x 22 m.) para liberar el resto del terreno y crear espacios verdes con jardines y arboledas dentro de un área comunitaria que además dispusiese de piscina, áreas de recreo, espacios para el deporte, etc..., pero ya en el sitio comprobé que el terreno sobre el que se iba a implantar el edificio aunque se encontraba en una ciudad costera, su distancia al mar superaba los 1000 metros por lo que se perdía la sensación de este. Busqué un espacio desde donde se pudiese ver el mar, y decidí en la planta

26 crear una zona comunitaria con piscina climatizada y terrazas al aire libre para tomar el sol.

Una vez que habíamos aceptado esta idea como objetivo, al edificio se le dotó de un movimiento curvilíneo y cambiante en su contorno exterior de forma que reprodujese a modo de sensaciones el movimiento de las olas.

actuaciones urbanísicas

El Plan Urbanístico debe concebirse considerando que se trata de definir un marco de actuación a partir del cual deberán proyectarse otros diseños ya más precisos dentro del campo de la arquitectura e ingeniería. El desarrollo de la construcción en los últimos tiempos ha sido, en las grandes ciudades y en las zonas costeras, responsable directo de un elevado crecimiento no siempre bien estructurado urbanísticamente. Hoy en día, nos enfrentamos a la decadencia de la ciudad y a su progresiva degradación social como ámbito de convivencia por lo que la salud, en aquellos espacios que aún quedan libres, se concibe actualmente como el objetivo prioritario para el bienestar global, debiendo siempre prestar la atención necesaria al diseño de aquellos lugares naturales aptos para provocar que la gente se relacione.

Como diseñadores tenemos el compromiso social de llenar de contenido estos espacios para la convivencia. El análisis de formas y proporciones, entre las diferentes escalas de los distintos planos de trabajo relacionados con el ser humano, ha sido objetivo de la mayoría de los proyectos urbanísticos emprendidos por nosotros en España, la República Dominicana y Argelia, en los que el área pública como espacio natural de convivencia ha sido la idea de partida. Por otra parte, la trama urbana que proyectemos, como parte de nuestro trabajo de investigación previa de las calles existentes en el entorno próximo, así como el análisis del origen-destino actual y previsto, la ubicación de las zonas de servicio y de equipamiento además de su relación con el resto de la ciudad, debe llevarnos a disociar por una parte, las calles asfaltadas para los vehículos motorizados y por otra los caminos y calles para los desplazamientos a pie de los transeuntes.

Una vez que se analicen estas rutas urbanas, la ubicación de las zonas de servicio y equipamiento, los parques naturales y los espacios previstos para la edificación y zonas comerciales y lúdicas, se puede considerar que ha llegado el momento de pensar en una idea temática que sirva para concebir un diseño que precise donde deberán ubicarse los espacios y el uso previsto para ellos.

El Plan Urbanístico así definido se transforma en el documento básico de referencia a partir del cual desarrollaremos el resto de proyectos.

En el desarrollo urbanístico de "Tempus Magicus" en Benidorm, se han considerado como condicionantes básicos: La continuidad de la trama urbana del entorno circundante, la creación de nuevos viarios que acorten las distancias de un extremo a otro para reducir los trayectos que han de recorrerse tanto en vehículo motorizado como a pie, la influencia de la carretera Nacional positiva para un posible emplazamiento de un pueblo comercial y lúdico y su inconveniencia para la zona residencial, la creación de un nuevo espacio natural abierto diseñado dentro de la tradición local de parques y plazas, la ubicación de un "elemento" que sirva de guía dentro del sky-line de Benidorm y la definición de una idea imaginativa como tema que en este caso fue El Tiempo.

el pensamiento creativo

Se ha visto a través de lo expuesto, que para llevar a la realidad una actuación debemos de partir de una activa provocación individual que actúe sobre nuestro pensamiento creativo para que a parir de unos conceptos básicos muy bien seleccionados nos permita navegar entre varias alternativas hasta llegar a conseguir una idea creativa muy valiosa que por un proceso de análisis minucioso de todo un gran Equipo de profesionales trabajando perfectamente coordinados, sea capaz de adaptarse, ponerse a funcionar y hacerse realidad tangible.

Y es aquí, al lograr los beneficios de todo el proceso creativo, donde todo el esfuerzo resulta gratificante a la vez que es fascinante el poder observar que la "obra realizada" supera siempre con creces la dimensión del pensamiento.

Y como reflexión final, diré que me resulta fascinante pensar en una idea nueva, comprobar que funciona y que sirve a los fines para los que se proyectó.

architecture and its concepts

When the publisher asked me to write the introduction to this book, which in some way covers my over 25 years of professional experience, I was pleased to accept because it gave me the opportunity to revise the reasons why my colleagues and I have worked together to create the designs that appear in it. Several hundred schemes have been created in this period, which started approximately in the second half of the seventies and ends with the last work featured in this book.

The collection of designs that appear in this book shows the diversity of the schemes, and the scope and importance of the work that we have done in this period. Furthermore, I have observed that though the schemes were created at different times and with different functions and aims, the objectives behind them show a coherence of approach and criteria that have been maintained and reinforced over the years. This revision of the works presented here has revealed the mental process that governed and still governs the development of our designs.

This design process was fuelled by the objective of creative imagination as a cultural evolution, originality and the attempt to obtain spaces for cohabitation out of sites whose value has not been realised . This is the result of my enthusiasm for the creation of new ideas through a laborious process of research and analysis of the circumstances.

In our professional work my team and I have always tried to keep in touch with the latest technological advances that serve to improve the social relations stemming from the prolonged grouping together of persons in a built space, seeking the most advantageous design alternatives without forgetting the decisive economic component. Perhaps my teaching experience and the freedom with which each person approaches a scheme have made it possible to overcome the difficulties of transmitting the knowledge, concepts and proposals that may appear when one works jointly with professionals who form part of the same team but are separated geographically and culturally in different offices.

residential complexes

The design process based on the search for the cultural past has led to a new approach to the attributes of the inner city, which have been almost forgotten by industrial development dominated by the automobile. We took as our aim the design of communal spaces that foster communication between the persons who live in them. As creative professionals we have the social responsibility of providing our built complexes with spaces for human inter-relation. This aim, which combines the private and the public spheres wi-

thout either of them losing their hegemony, has formed the basis for our residential schemes.

Also, the sensation produced by places that have been experienced throughout history affects all our senses positively by making a site recognisable in a given setting. If the treatment of these spaces evolves and is brought up to date without losing the sensations that it evokes, we will have achieved another of the objectives of equality.

The integration of the building process with the natural environment allows the residents to go back to nature through gardens, pools and fountains, above all if areas designed for practising sport are incorporated. This search for humanised green spaces that are perfectly adapted to the building is one of the most highly valued objectives, particularly if the natural space is developed as a space of cohabitation.

residential complexes

A similar approach to the above objectives helped to find radical solutions for permanent residential buildings located within the urban fabric of a city.

The process of seeking the cultural context that was essential for residential buildings is not always feasible. One must analyse the location at different times of day and on different days so that its environment, if already defined, influences the creative process. One must see whether there are nearby parks, gardens, zones of cohabitation... because in the last resort if there are no communal spaces, we will have to adopt the solution of adapting the circulation routes of the building to create a single social space. Even so, if possible, one must implement in the building its own places of cohabitation, with natural lighting and as much vegetation as possible. Vertically, the building is fragmented by the vertical circulation. This is why these areas of relation are almost always located on the ground floor or on the roof of the building, protected from the street and the traffic. Furthermore, the building, even on a small scale, must have its identity and not be lacking in its own aesthetic and formal attributes, since any architectural expression involves an important process of communication with the environment that is identified with its residents.

Would anyone query the validity of these objectives? Nevertheless, I would also add that residential buildings must have an interior layout that eliminates as far as possible useless areas of circulation because the extra square metres will considerably increase the cost of the dwelling. The separation of the night area from the day area within the dwelling gives independence to the spaces and facilitates energy saving.

office buildings

At a time when workplaces must increasingly adapt to new needs of space, and in which communication systems are beginning to eliminate the need for a fixed location for a given job, companies are considered as living bodies that change according to their growth, adapting rapidly to technological advances. This makes it advisable to use mobile panels for the interior layouts and the partitions used to separate rooms, or to do without this element of separation completely, thus attaining the concept of a landscape office that can become a garden office if vegetation is added. Outside working hours this place becomes a space of informal encounter and relations.

In this typology of buildings, the facades open the interior workplace to the natural space on the exterior by means of glass perfectly treated to conserve energy, dielectric materials and light filtering elements. Because it is possible to re-organise all the interior spaces, the only parts that remain immovable are the vertical access routes, the IT conduits and the service spaces. What is more, even the air conditioning is no longer a limitation, because split systems allow them to be located wherever desired.

The identity of the scheme sometimes emerges where it is least expected, which justifies the state of creative tension that one experiences when one attempts to invent a form that solves a brief and at the same time provides a logical and perfectly structured solution on the interior with its reflection on the exterior.

Thus, when I started to work on the design of Valenmar, the brief connected perfectly with a volumetric image that I observed at dawn when I was driving my car toward Valencia and saw between the chiaroscuro of the morning a pile of large blocks and pipes that were being used to widen the road. The sight was so beautiful in proportions that I stopped to enjoy what I was seeing, and the rest was easy. A building had to be designed to house the management and administration of an international marble marketing company, and what I had seen provided the full solidity that this building needed to transmit.

When the City Council of Madrid decided to hold a competition of ideas for the business buildings for the Juan Carlos I Exhibition Area, we were asked to design the two buildings that define the symbolic gate of the main access road to the Exhibition Area, which would be located on two symmetric triangular blocks giving onto a circular square. This was how we conceived the idea of creating two planets orbiting around this square to reinforce the weightlessness of research, prototypes and patents and that later, when presented in public at a fair, contributed to the development of the world. Each of these Twin Spheres is supported by three volumetric bodies that lose weight as one approaches them. This idea was perfectly accepted by the Japanese company Shimizu, which developed and built them, making our design a reality.

In the buildings the idea of a garden office was introduced for the interior work spaces.

skyscrapers and tall buildings

Finally, I believe that skyscrapers and other buildings of great height deserve to be considered in terms of ecological design. I am convinced that the increase in population in urban zones as a consequence of the decrease in rural populations will make cities expand with increasing intensity, so this type of building will continue to be built. I think that buildings of this type which respect the planning regulations have the advantage of freeing the land available at the base to be used for green spaces. This is the most suitable form of ecological building, and provides these areas with the desired spaces for cohabitation. The air does not stagnate and circulates freely, and I would also add that they offer greater privacy and a lower level of noise.

Thus, when I started the design of Neguri Gane I gave it a minimum base (27 m x 22 m) to free the rest of the land and to create green spaces with gardens and trees within a communal area that also has a swimming pool, recreation areas, sports areas, etc. However, on site I found that though the land on which the building was to be located was in a coastal city, it was over 1000 metres from the coast, so the sensation of the east was lost. I sought a space from which one could see the sea, and I decided to create a communal zone with a heated pool and open-air terraces for sunbathing on the 26th floor.

Once we had accepted this idea as the objective, the building was given a changing curvilinear movement on its exterior to create the sensation of moving waves.

urban actions

The Urban Plan must take into account that it should define a framework of action in which to create other, more precise designs within the field of architecture and engineering. In large cities and coastal areas the development of construction in recent times has been directly responsible for a high growth that has not always been properly structured by the urban planning. Today we are faced with the decadence of the city and its progressive social degradation as an area of cohabitation. Thus, in the spaces that are still free, health is now conceived as the priority aim for social welfare, and the necessary attention must always be paid to the design of natural places that are suitable for making people relate.

As designers we have a social commitment to fill these spaces for cohabitation with content. The analysis of forms and proportions, between the different scales of the different planes of work related to human beings, has been the object of most urban designs undertaken by us in Spain, the Dominican Republic and Algeria, in which the initial idea has been the public area as a natural space of cohabitation. Furthermore, the urban mesh that we design, as part of our preliminary research into the existing streets in the nearby environment, and the analysis of the current and planned origin and destination, the location of the service zones and facilities and their relation to the rest of the city, must lead us to dissociate the streets for motor vehicles from the paths and streets for pedestrian mobility.

When one has analysed these urban routes, the location of the service zones and facilities, the natural parks, the spaces assigned for development and the shopping and leisure zones, one can consider that the time has come to think about a thematic idea that can be used to conceive a design that specifies where the spaces should be located and the use that is intended for them.

Defined in this way, the Urban Plan becomes the basic document of reference for the development of the rest of the schemes.

In the urban development of Tempus Magicus in Benidorm, the basic conditioning factors were: the continuity of the urban mesh of the surrounding environment, the creation of new roads that shorten the distances from one end to another in order to shorten the journeys that must be made both in motor vehicles and on foot, the positive influence of the trunk road for the possible location of a shopping and leisure village and its unsuitability for housing estates, the creation of a new open natural space designed within the local tradition of parks and squares, the location of an "element" that acts as a guide within the skyline of Benidorm and the definition of an imaginative idea as a theme, which in this case was Time.

creative thought

It can be seen from the above that in order to convert an action into reality we must start from an active individual provocation which acts on our creative thought. Thus, from a few well-selected basic concepts, we are able to navigate between several alternatives until we obtain a very valuable creative idea. Through a painstaking process of analysis by a whole team of professionals working in perfect coordination this idea can be adapted, start to operate and become a tangible reality.

And it is here, when we reap the benefits of the whole creative process, that all the effort becomes worthwhile. It is fascinating to observe that the "work done" always far surpasses the idea.

And as a final reflection, I will say that I find it fascinating to think of a new idea, to check that it works and that it serves the ends for which it was conceived.

	puerto varadero	**17**
	font d'ouro	**29**
	fax form	**35**
	esferas gemelas	**41**
	torreblanca marina	**53**
	pintor argüelles	**61**
	hotel mío cid	**69**
	instituto oftalmológico	**87**
	tornavoz	**93**
	edificio indalo	**99**
	valenmar	**109**
	neguri gane	**117**
	balcón del sol	**129**
	lugris vadillo	**137**
	tossalet de les fonts	**147**
	costa hispania	**153**
	tempus magicus	**165**
	future projects	**171**

En una parcela situada frente a la Playa del Varadero y basado en un concepto cultural de inspiración árabe se ha realizado el desarrollo de un Conjunto Residencial dotado de un fuerte rasgo de identidad y con un atractivo desarrollo de la vida comunitaria en áreas ajardinadas con espacios verdes y tres piscinas a distinto nivel que se comunican por toboganes a modo de cascadas.

Los espacios comerciales públicos, se sitúan en la planta inferior y las rutas horizontales de acceso a los portales de las viviendas se sitúan en un segundo nivel cuyo acceso es restringido a las áreas residenciales. Hábitat y comercio se funden como lo harían en la vida de un auténtico pueblo, con plazas ajardinadas, calles interiores e incluso una calle interior para acceso de los vehículos a la farmacia y a los locales comerciales, todo ello tratado de una manera humana.

puertovaradero

Santa Pola, Spain

This residential complex, with a solid identity inspired by Arab culture, lies on a plot facing Varadero Beach. Community life here is enriched by gardens and three swimming pools, which are placed on separate levels, yet connected by slides.

The shops and public areas are on the ground floor, while the corridors leading to the dwellings are located on the second floor, where access is restricted to residents. Habitat and commerce merge as they would in a real village, with gardened squares, interior streets and even an access route leading vehicles inside the complex to the drugstore and shops — all of which have been carried out on a human scale.

Desde su concepción en planta hasta el desarrollo de sus fachadas se ha sido fiel al concepto cultural.
Un sorprendente oasis para el descanso del cuerpo y del alma.

From the rough draft of the ground plan to facade development, the design has remained true to the cultural concept.
An inspiring oasis for the repose of body and soul.

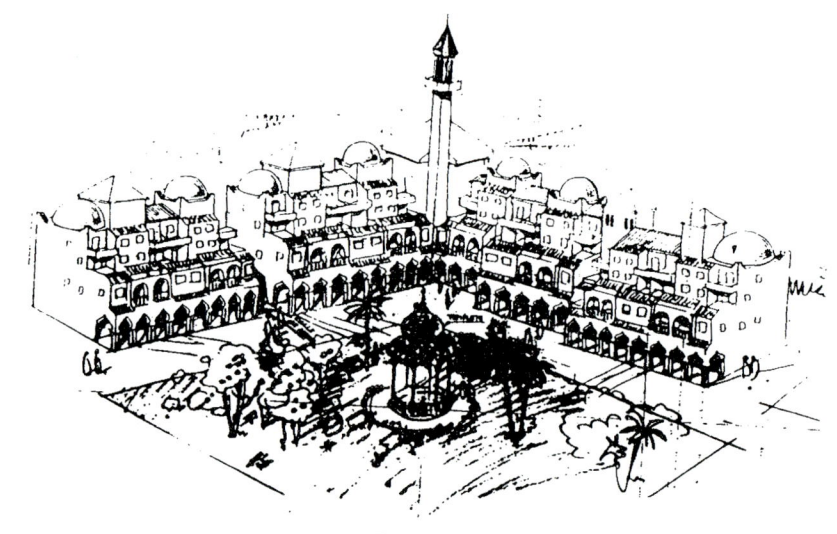

Boceto de plaza interior / Sketch of inner square

Maqueta de la urbanización interior / Model of urban development

18

Maqueta de perspectiva desde el mar / Model of the interior of the residential development

Fachada desde el mar / Facade from the sea

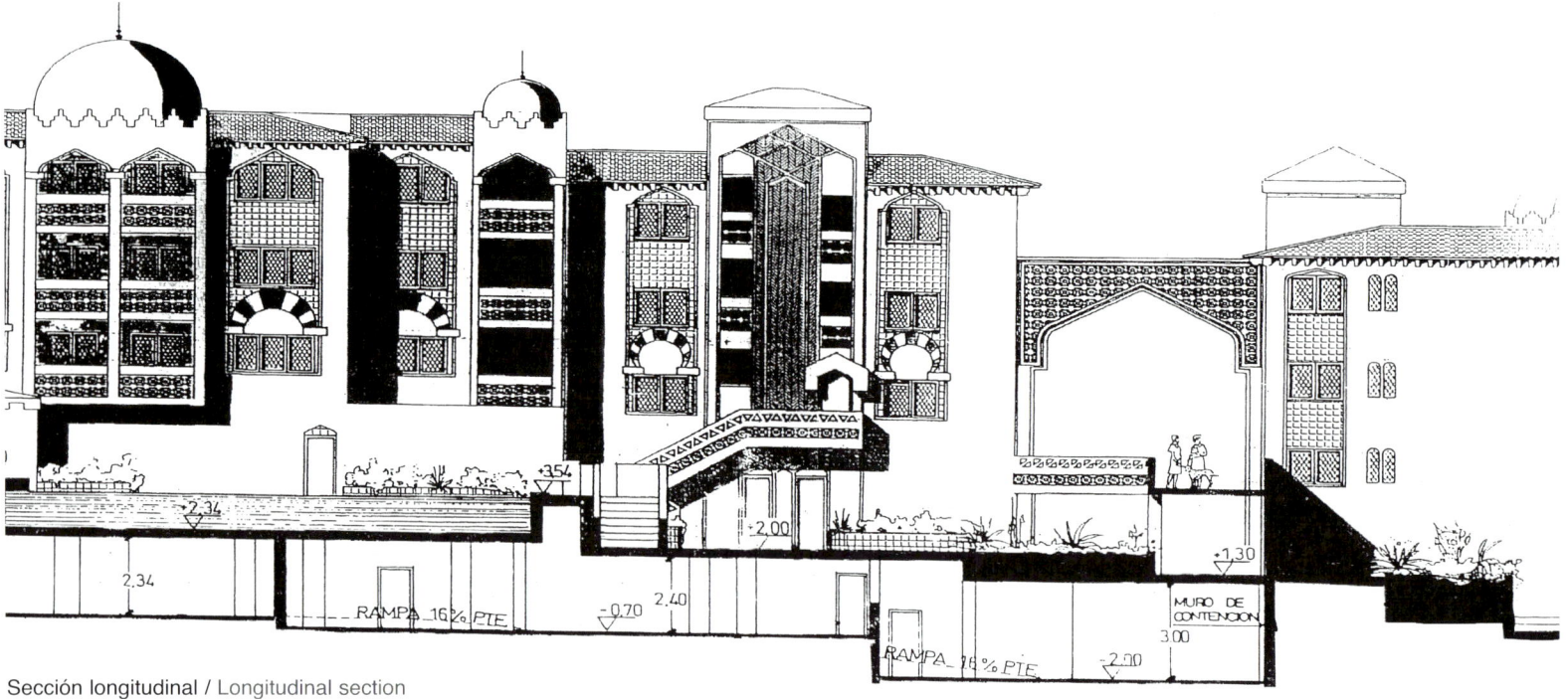

Sección longitudinal / Longitudinal section

Una auténtica "medina" nos da la bienvenida al recinto y, de ahí, surgen caminos hacia la intimidad de los apartamentos.
Debajo de estas líneas, se pueden observar las bellas vistas de que dispone el conjunto.

A veritable Medina welcomes us to the grounds. From here, pathways lead to the privacy of the apartments.
Below, the gorgeous views which this complex enjoys.

Piscina y fachada posterior / Swimming pool and back facade

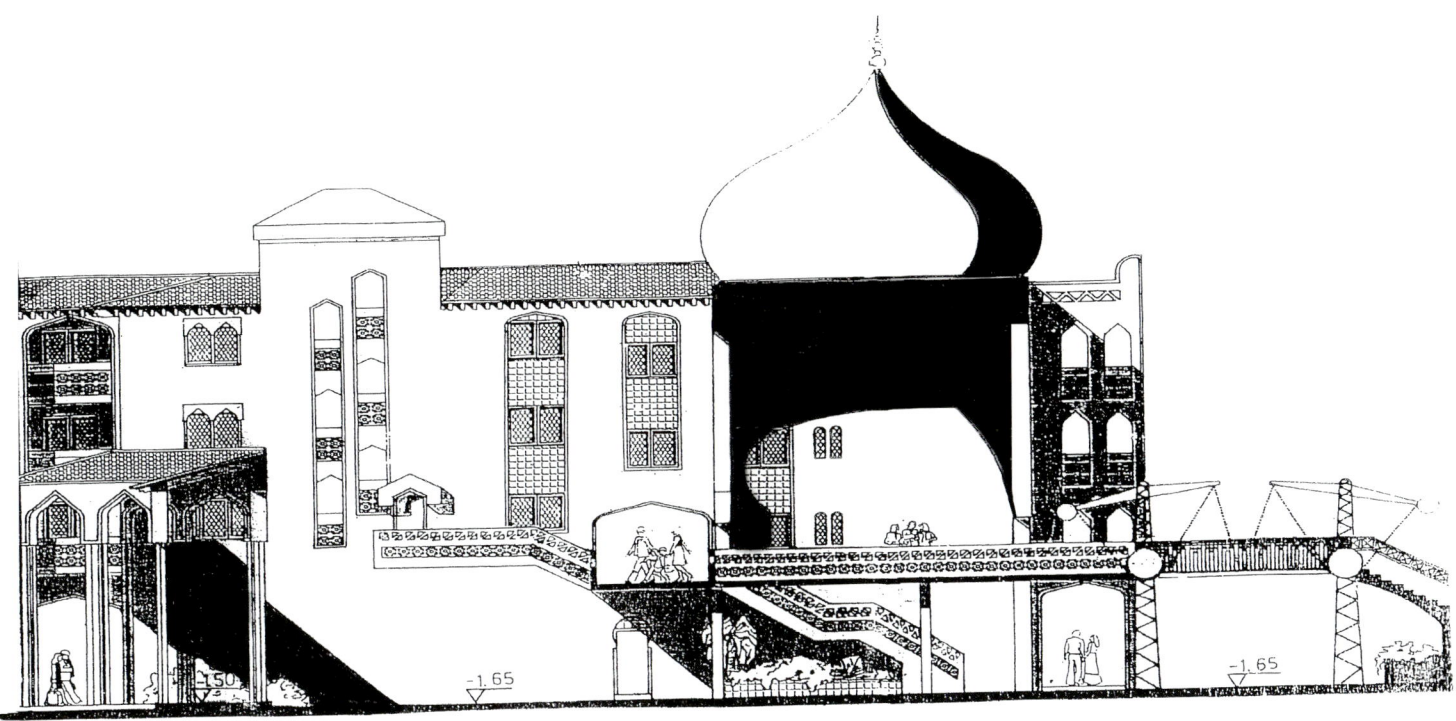

Sección longitudinal / Longitudinal section

Acceso por puente a las viviendas / Bridge leading to apartments

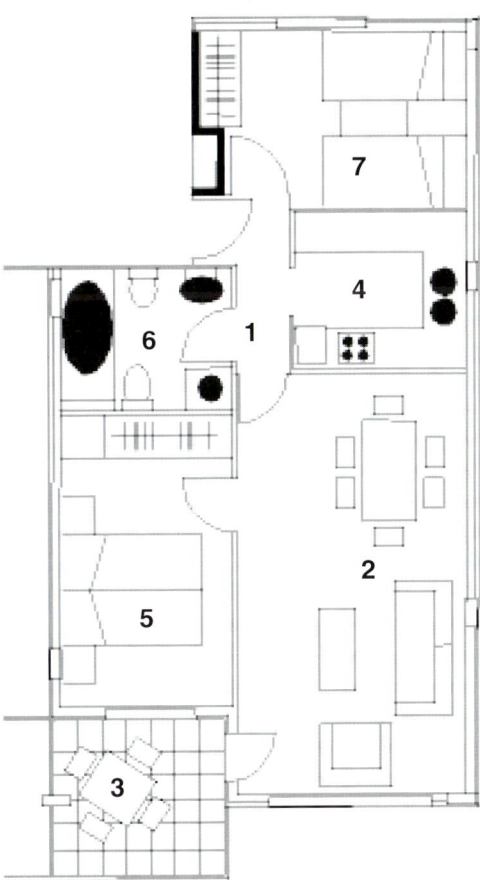

1· Vestíbulo -paso / Entrance hall

2· Salón -comedor / Living -dining room

3· Terraza / Terrace

4· Cocina / Kitchen

5· Dormitorio principal / Master bedroom

6· Baño / Bathroom

7· Dormitorio 2 / Bedroom 2

Desde la calle predomina una vista sólida e intimista del conjunto, de nuevo, inspirada en los cánones urbanos de algún país árabe. Mientras que el interior logra una apertura y frescura inusitada a través de espejos de agua, fuentes y una gran piscina de tres niveles.

A solid, intimate view of the complex predominates from the street, again inspired by the urban canons of some Arab country. The interior has a rare freshness and feeling of openness, imparted by mirrors of water, fountains and a large three-tiered swimming pool.

Viviendas de la plaza interior / Dwellings along the central square

Vista de conjunto / View of the complex

22

Detalles sin fin, como de un cuento de las mil y una noches, nos acompañan en cada recorrido, creando con sombras y brillos nuevos espacios, y multiplicando así las posibilidades reales del lugar.

Endless details, as in a tale from The Thousand and One Nights, accompany us on each path, creating new spaces from shadows and glints of light, thereby multiplying the possibilities of this place.

Plaza interior y puente / Central courtyard and bridge

Tres niveles de la piscina / Swimming pool on three levels

Planta tipo / Floor plan

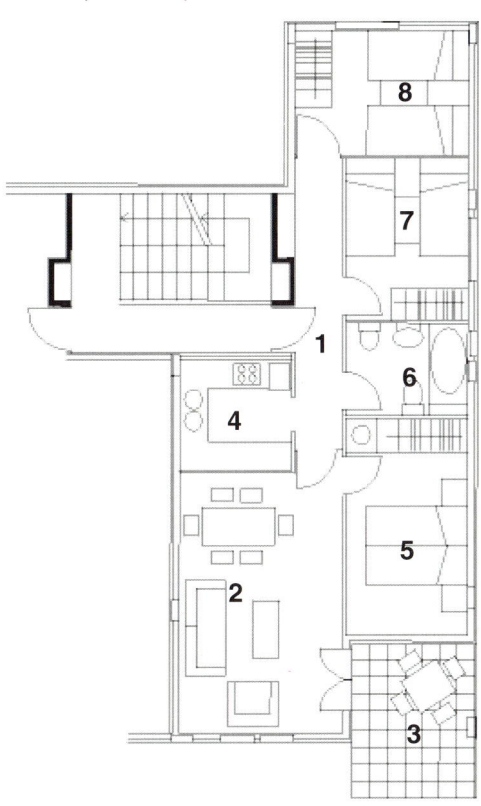

1· Vestíbulo - paso / Entrance hall
2· Salón - comedor / Living-dining room
3· Terraza / Terrace
4· Cocina / Kitchen
5· Dormitorio principal / Master bedroom
6· Baño / Bathroom
7· Dormitorio 2 / Bedroom 2
8· Dormitorio 3 / Bedroom 3

Planta tipo / Floor plan

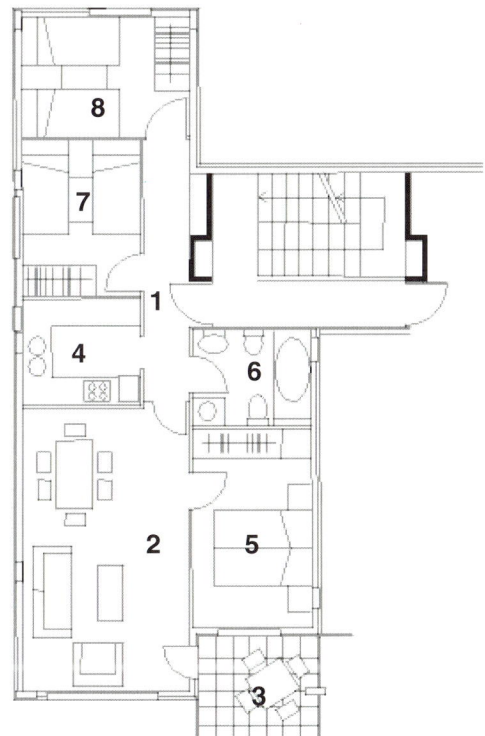

Detalle de fachada / Detail of facade

Calle peatonal / Walkway

25

Plaza interior y fuente / Inner courtyard and fountain

Detalle de banco / Detail of bench

Duchas / Showers

Cúpulas y remates / Domes and caps

Minarete / Minaret

Detalle de fachada / Detail of facade

Detalle de fachada / Detail of facade

La atrevida utilización del color permite que este conjunto de casas aparezca como un poblado de fantasía y que sus residentes identifiquen fácilmente su hogar en los días grises de Galicia.

Alineadas siguiendo el plan urbanístico, las edificaciones disponen de un acceso peatonal a través de un jardín protegido por una verja que conduce directamente a la puerta de la casa, o bien, si se accede en vehículo motorizado, a través de una calle situada en el nivel inferior donde además se sitúa el aparcamiento.

Un jardín interior que dispone de piscinas y caminos contribuyen a fomentar el espacio de convivencia y relación de los vecinos. A este jardín se accede desde cada una de las viviendas por su jardín privado posterior.

fontd'ouro

Oleiros, Spain

The bold use of color gives this residential complex the appearance of a fantastical village, where residents can easily identify their home on gray Galician days.

Aligned along the residential route, each building is accessed via a walkway leading through a fenced-in garden or, if entering by car, via the street below, where a parking area is located.

Within the grouping of buildings are swimming pools and footpaths, which enhance community spaces and encourage socializing among the neighbors. Each home has access to this community garden through its own private back garden.

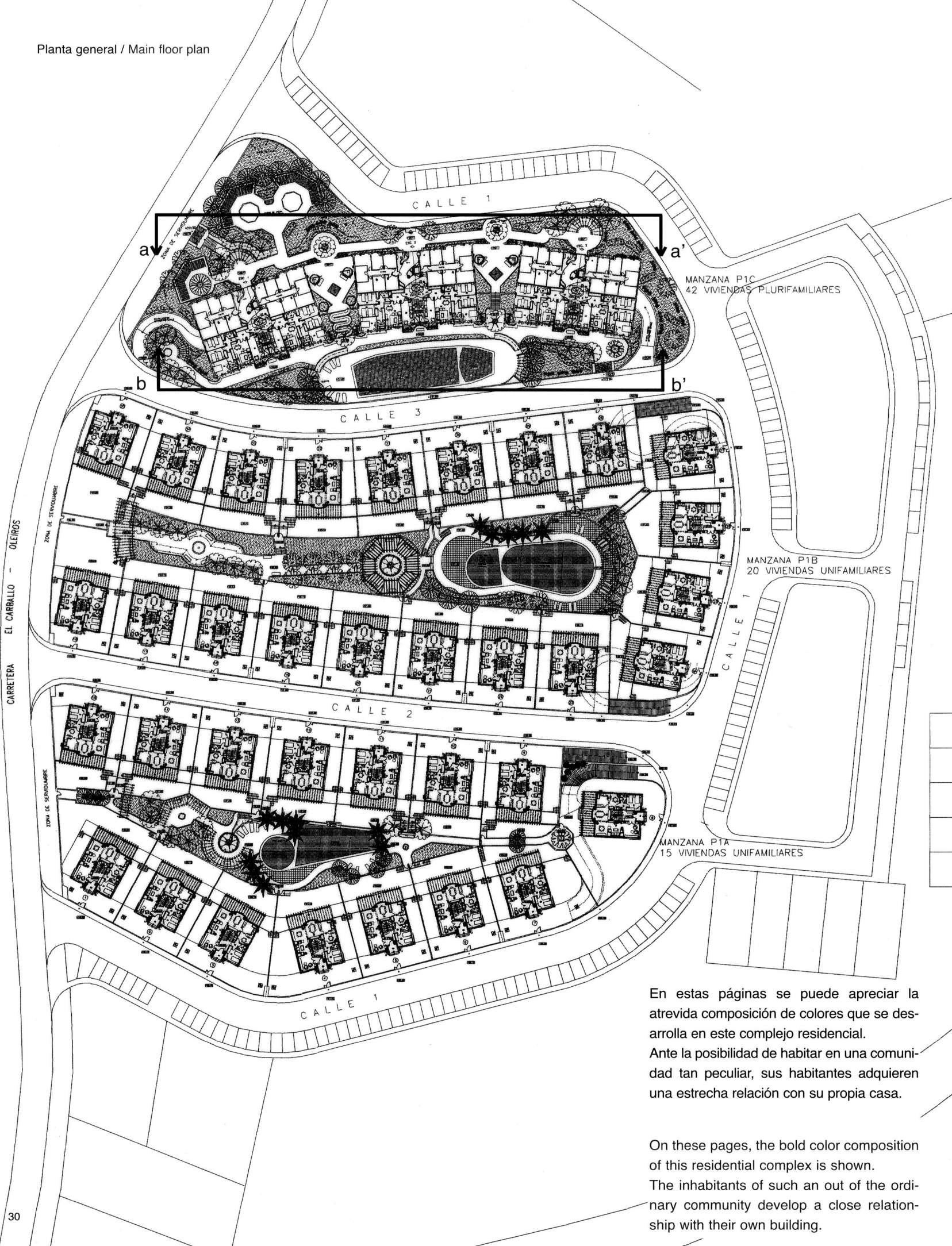

CALLE 1

ZONA DE SERVIDUMBRE

a
a'

MANZANA P1C
42 VIVIENDAS PLURIFAMILIARES

b
b'

CALLE 3

CARRETERA   EL CARBALLO   -   OLEIROS

ZONA DE SERVIDUMBRE

ZONA DE SERVIDUMBRE

MANZANA P1B
20 VIVIENDAS UNIFAMILIARES

CALLE 1

CALLE 2

ZONA DE SERVIDUMBRE

MANZANA P1A
15 VIVIENDAS UNIFAMILIARES

CALLE 1

En estas páginas se puede apreciar la atrevida composición de colores que se desarrolla en este complejo residencial.
Ante la posibilidad de habitar en una comunidad tan peculiar, sus habitantes adquieren una estrecha relación con su propia casa.

On these pages, the bold color composition of this residential complex is shown.
The inhabitants of such an out of the ordinary community develop a close relationship with their own building.

A'A Fachada principal edificio lineal / Main facade linear building

B'B Fachada posterior edificio lineal / **Back facade linear building**

Detalle módulo fachada principal / **Module detail main facade**

Detalle módulo fachada posterior / **Module detail back facade**

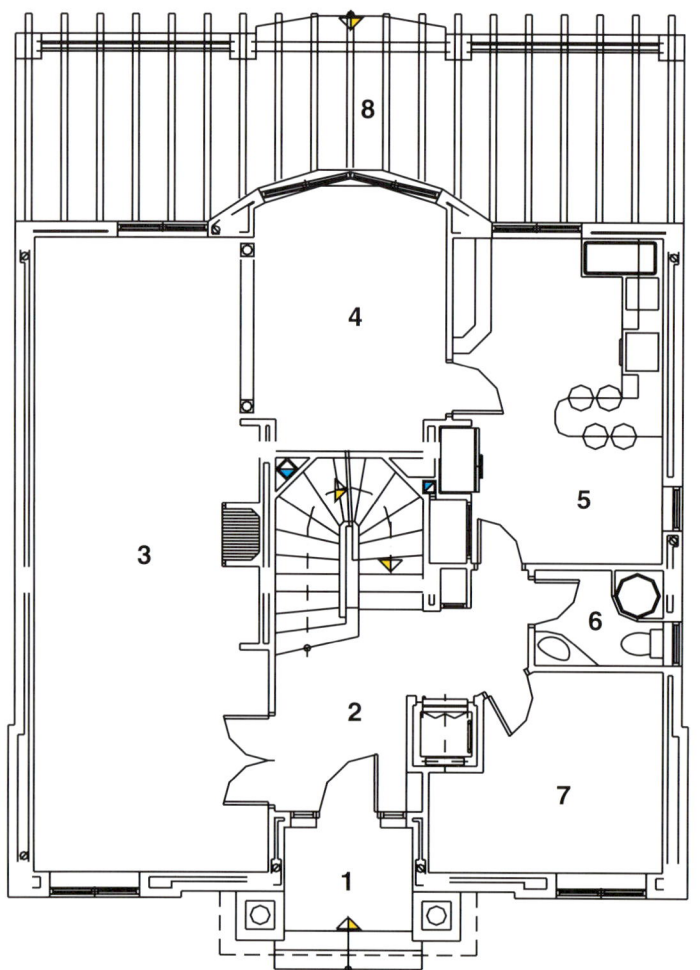

Planta baja / Ground floor

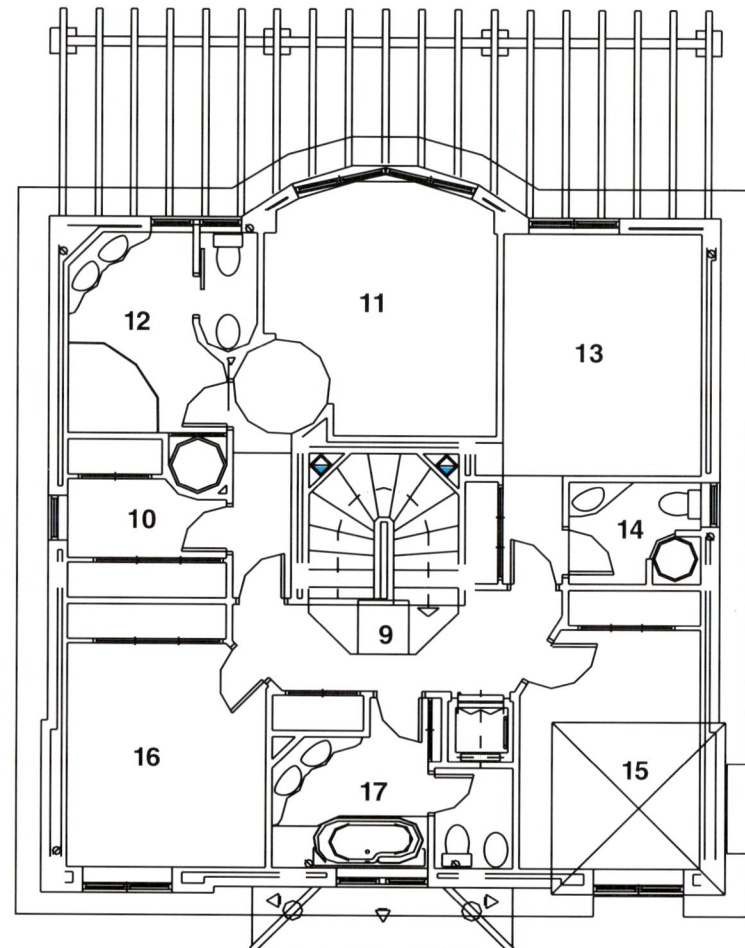

Planta alta / Top floor

1· Porche de acceso
   Access porch

2· Vestíbulo / Entrance hall

3· Salón-estar
   Living room

4· Comedor / Dining room

5· Cocina / Kitchen

6· Aseo / Toilet

7· Despacho / Office

8· Terraza / Terrace

9· Distribuidor-escalera
   Landing - stairway

10· Vestidor / Closet

11· Dormitorio principal
    Master bedroom

12· Baño 1 / Master bathroom

13· Dormitorio 2
    Bedroom

14· Baño 2 / Bathroom

15· Dormitorio 3
    Bedroom

16· Dormitorio 4
    Bedroom

17· Baño 3 / Bathroom

Fachada posterior / Back facade

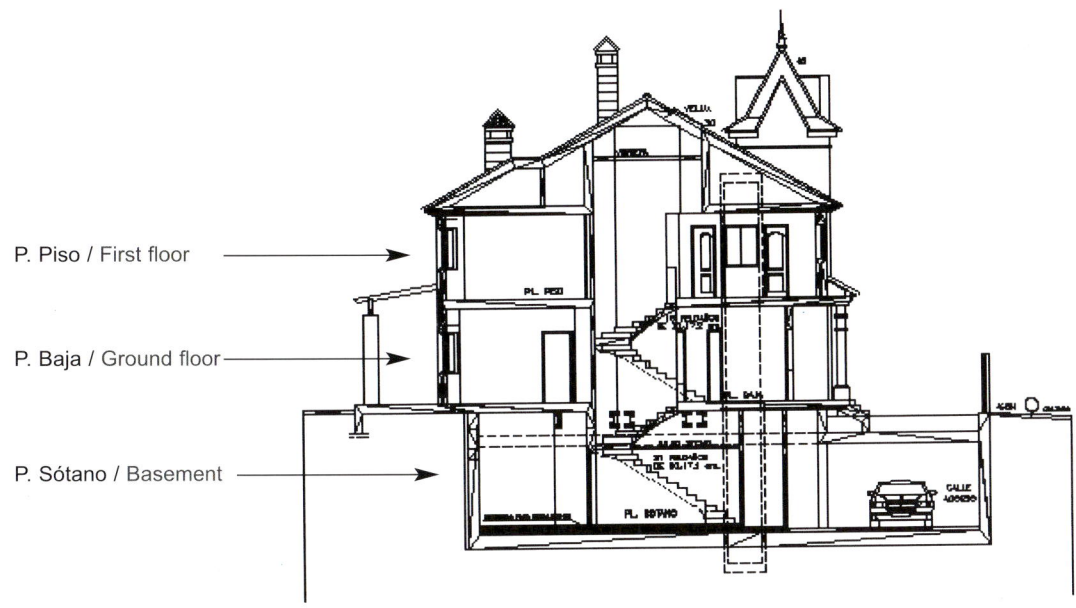

P. Piso / First floor

P. Baja / Ground floor

P. Sótano / Basement

La piscina, junto con las áreas verdes, crea un ambiente natural en el que sus habitantes se sienten cómodos. Esta constante conexión entre la naturaleza y la arquitectura sirve para exponer la preocupación que el equipo de arquitectos tiene por la calidad de vida de sus habitantes.

The swimming pool and garden areas create a natural, comfortable environment. This ever-present link between nature and architecture demonstrates the concern that the team of architects had for the inhabitants' quality of life.

Jardines interiores / Inner gardens

Jardín interior y piscina / Inner garden and swimming pool

Detalle Pérgola y remates de granito / Detail of pergola and granite finishes

Fachadas exteriores / Exterior facades

Este edificio de oficinas destaca por su sencillez de composición volumétrica y su búsqueda de la tensión horizontal para crear un lugar de trabajo de alta especialización, plenamente democrático. Un prisma rectangular de paramentos horizontales a base de bloques de cemento y ventanales continuos de cristal definen los espacios interiores de trabajo.

Una sucesión de columnas rematadas en paneles prefabricados a modo de parasoles, envuelve el edificio perimetralmente. Con ello adquiere una fuerza expresiva que interactúa entre la repetitiva disposición de estos afilados elementos y la tensión horizontal del edificio provocando auténtica pugna entre la lógica constructiva y la estética social.

Se trata, sin duda, de una de las obras que mejor sirve para explicar la clave de la arquitectura conceptual.

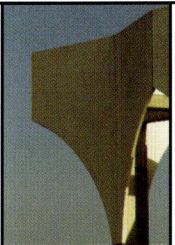

faxform

Alicante, Spain

A simple volumetric composition and the search for horizontal tension in the creation of a highly specialized, fully democratic workspace place this office building in its own category. A rectangular prism with a cement block base and uninterrupted glazing define the interior workspaces.

A succession of columns finished in parasol-like prefabricated panels wrap the building's perimeter. Thus, the structure acquires expressive strength based on the interaction between these repeated, pointed elements and the building's horizontal tension, provoking a conflict between constructive logic and social aesthetics.

This is surely one of the projects which best illustrates the key to conceptual architecture.

Detalle / Detail

Fachada principal / Main facade

Proyecto / Project

Planta baja / Ground floor plan

Fachada lateral / Side facade

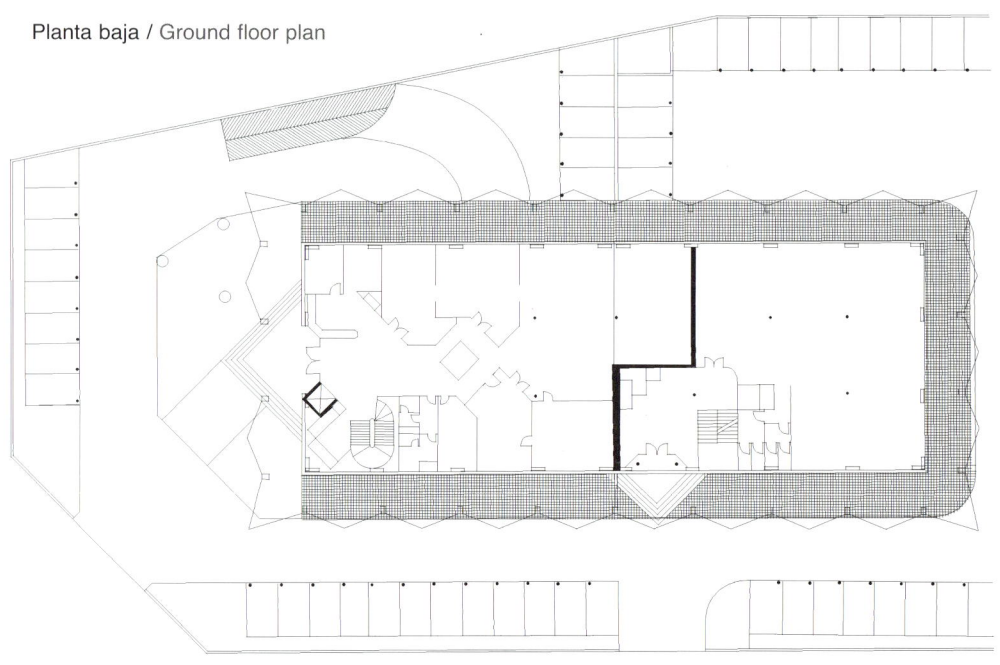

La organización libre y cambiable de la planta crea en el edificio una armonía y una clara dirección en cuanto a la circulación y distribución de los diferentes espacios de trabajo requeridos por la empresa.

The open, changeable organization of the floors has been designed so that the circulation and distribution of the different work spaces required by the company are clearly and harmoniously perceived.

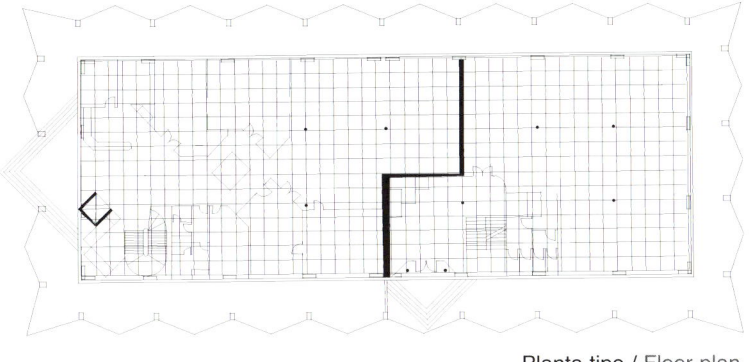

Planta tipo / Floor plan

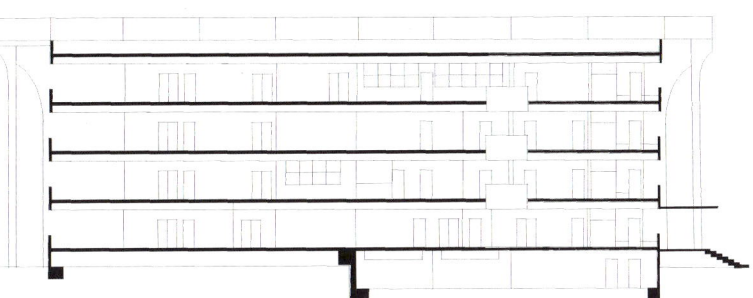

Sección longitudinal/ Longitudinal section

Acceso / Entrance

Fachada / Facade

Parasoles / Sun shades

concepto / concept

Los principales materiales son el hormigón armado, el bloque visto y el vidrio.
Las diferentes perspectivas ofrecen unas vistas singulares que ayudan a comprender la envergadura de esta obra.

The primary materials are reinforced concrete, brick and glass.
Different perspectives offer exceptional views, providing greater understanding of the magnitude of this project.

Detalle esquina / Corner detail

Detalle parasoles / Sun shade detail

Encuentro de esquina / Corner joint

Detalle parasoles / Sun shade detail

detalles / details

Vistas de la estructura exterior, tan peculiar en su recorrido por el edificio, como en sus cambios de color a diferentes horas del día por efectos de la luz mediterránea.

Views of the exterior structure, as peculiar in its path around the building as in the way that the colors change during the day because of the effects of the Mediterranean light.

Detalle fachada lateral / Detail side facade

Remate parasol / Top of the sun shade

Estos dos edificios ubicados en una zona destinada a ser uno de los centros de negocios más importantes de Madrid, están compuestos por volúmenes simétricos que, ubicados en ángulo en el solar crean una peculiar puerta de entrada al Recinto Ferial Juan Carlos I. Los dos edificios para seis plantas diáfanas de oficinas están diseñados tipo oficina-jardín, disponiendo de tres núcleos de accesos verticales (uno principal y dos de emergencia).

Bajo de las esferas, se sitúa el patio comunitario sobre las plantas de aparcamiento, tratadas como otras dependencias más, además del cerebro del edificio: un potente ordenador que controla todos los sistemas automáticos.

Cada uno de los edificios se estructuran a partir de una gran esfera de cristal que se sustenta en tres cuerpos en forma de paralelepípedo de los que se desprende y sirve de articulación. Dentro de esta esfera, por su eje vertical, se dispone el núcleo de ascensores para el acceso y servicio de las distintas plantas.

En el exterior, el uso del cristal confiere sensación de ingravidez y ligereza a las dos esferas gemelas que quedan suspendidas sobre el jardín.

La cristalería exterior se realizó gracias a la utilización de un sofisticado programa de ordenador en Singapur.

Diseño simple pero rotundo, apropiado para la función de edificios de oficinas.

esferasgemelas

Madrid, Spain

These two buildings, located in an area destined to be one of Madrid's most important business centers, are composed of symmetrical volumes lying at an angle on the plot and creating a peculiar entrance to the Juan Carlos I Civic Center. The two buildings, each with six stories of diaphanous buildings, are designed with both offices and gardens, and are equipped with three vertical access nuclei (one for primary use and two for emergencies).

A community patio has been situated beneath the spheres and above the parking garage; both receive an architectural treatment similar to the rest of the building. Also located here is the building's brain: a powerful computer which controls the automated systems.

Each of the buildings is structured around an enormous glass sphere, which is supported and articulated by three parallelepiped bodies. The elevators to the various floors and service areas are located along the vertical axes of these central spheres.

From the exterior, the use of glass confers a sensation of weightlessness to the twin spheres hanging above the garden.

The exterior glazing was made possible by the use of a sophisticated computer program designed in Singapore.

This is a simple yet solid design, suitable for meeting the needs of an office building.

El esquema sencillo de la composición en planta es la consecuencia de una clara búsqueda de la máxima flexibilidad y adaptación futura del edificio a cualquier función empresarial que se desee.

The simple scheme of the master plan composition is the result of a clear search for maximim flexibility and adaptability of the building to any required commercial activity in the future.

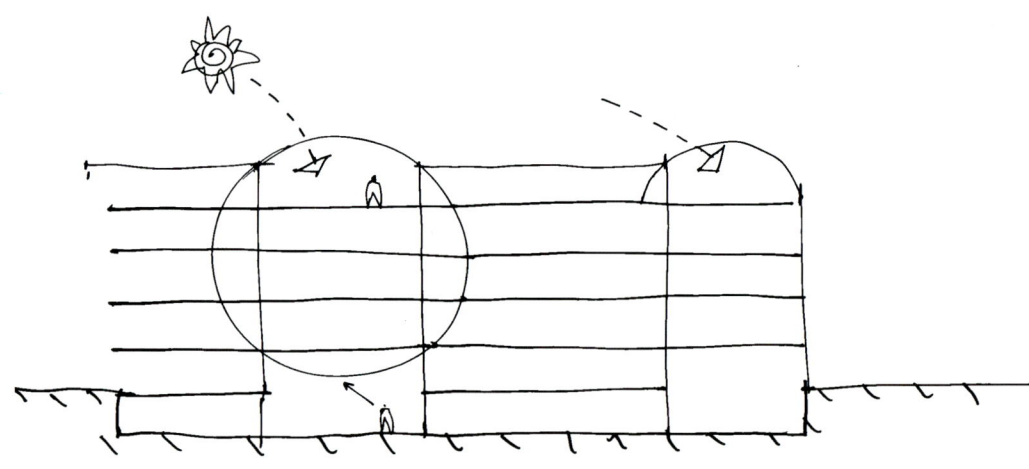

Croquis / Sketch

Croquis de entrada al Campo de Las Naciones / Sketch of the entrance to the *Campo de las Naciones*

Perspectiva de emplazamiento / Perspective of the site

Las dos esferas surgieron como dos planetas que giran en torno a una misma órbita, reflejando un universo en equilibrio pero tan dinámico como es el mundo de los negocios.

The two spheres were conceived as two planets traveling the same orbital path, reflecting a balanced universe, yet one which is as dynamic as the world of business.

concepto / concept

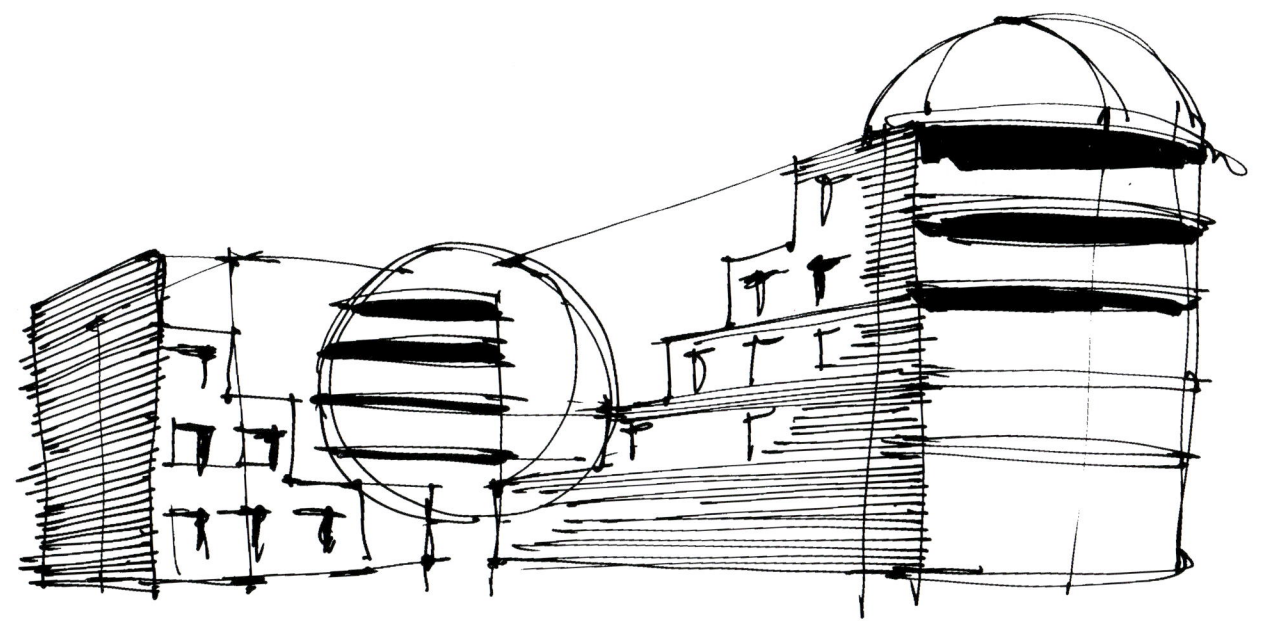

Croquis / Sketch

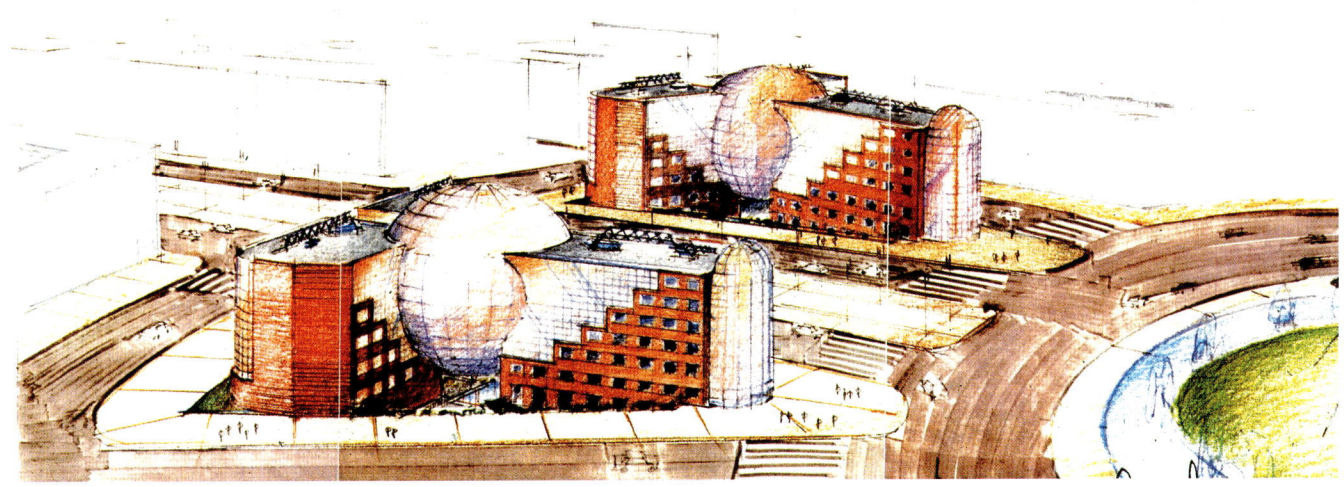

Perspectiva de localización / Perspective of the location

La utilización de elementos de piel tan comunes en el lugar como es el ladrillo caravista rojo-madrid junto con el cristal color bronce, identificó los edificios en el emplazamiento.

The use of cladding elements as familiar to the place as Madrid-red facing brick, along with bronze-tinted glass, gave the buildings their identity on this site.

44

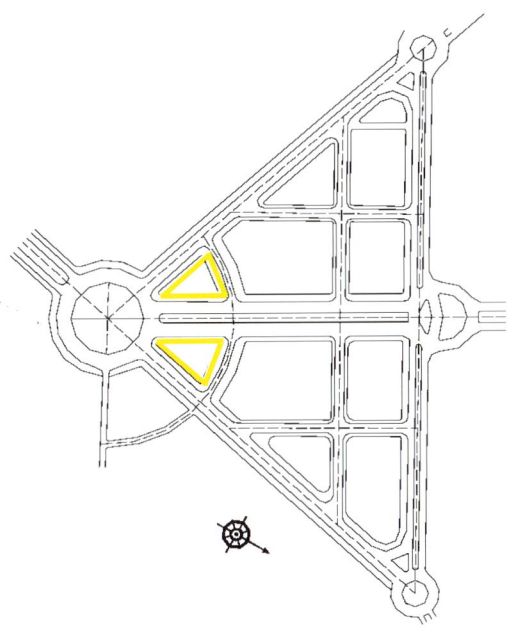

Plano general / General plan

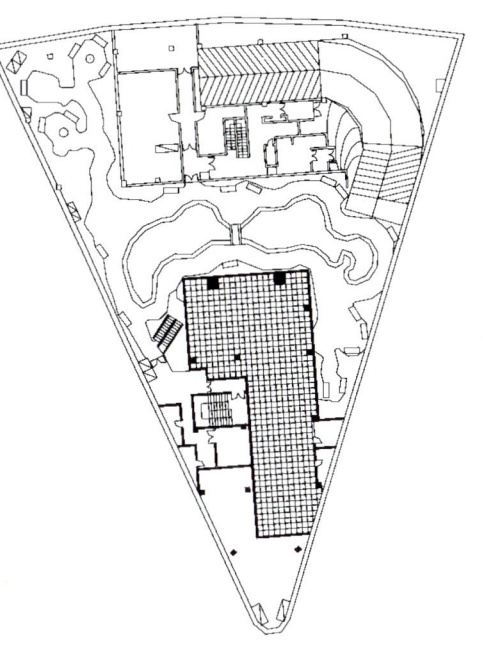

Planta sótano / Basement

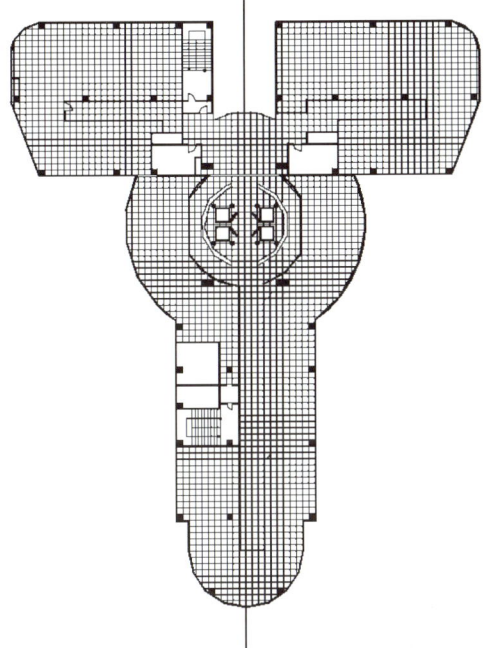

Planta tipo / Floor plan

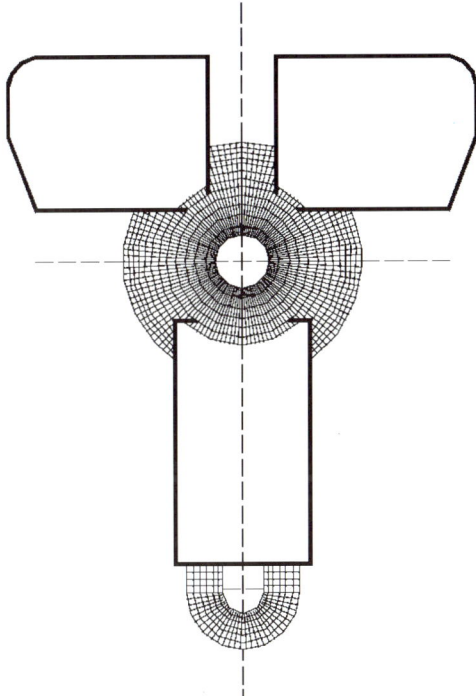

Planta cubierta / Roof plan

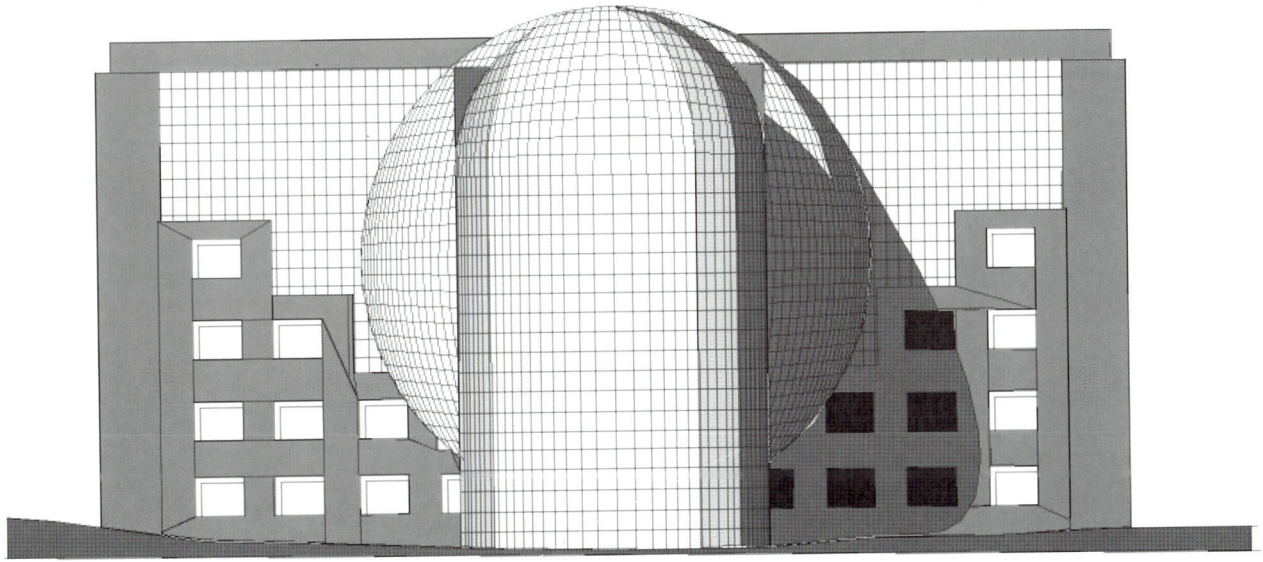

Fachada desde la plaza circular / Facade from the circular plaza

45

Fachada de acceso / Access facade

Se proyectó un programa de ordenador para conseguir un significativo ahorro energético de los sistemas automatizados de temperatura e iluminación reforzados por la especial composición de los cristales.

A computer program was designed that would achieve a significant savings on the energy needed for the automatic temperature and lighting systems, reinforced by the unique composition of the glass.

Fachada de acceso / Access facade

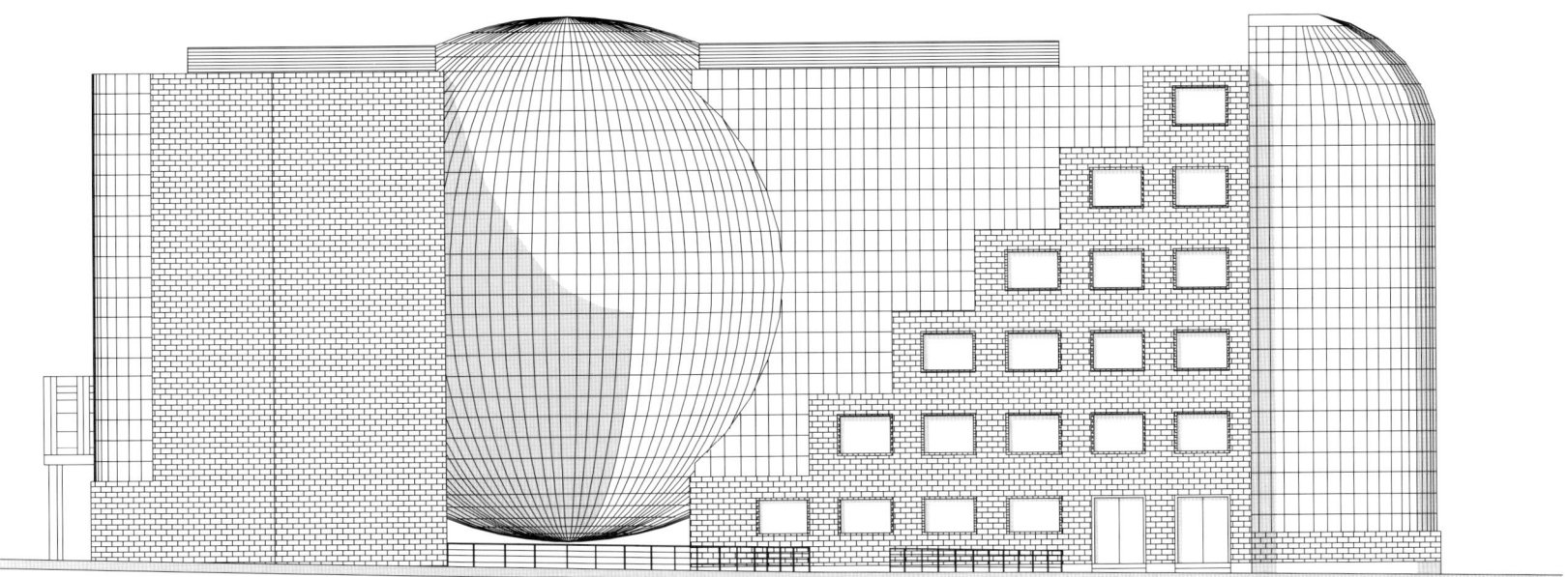

Fachada lateral / **Side facade**

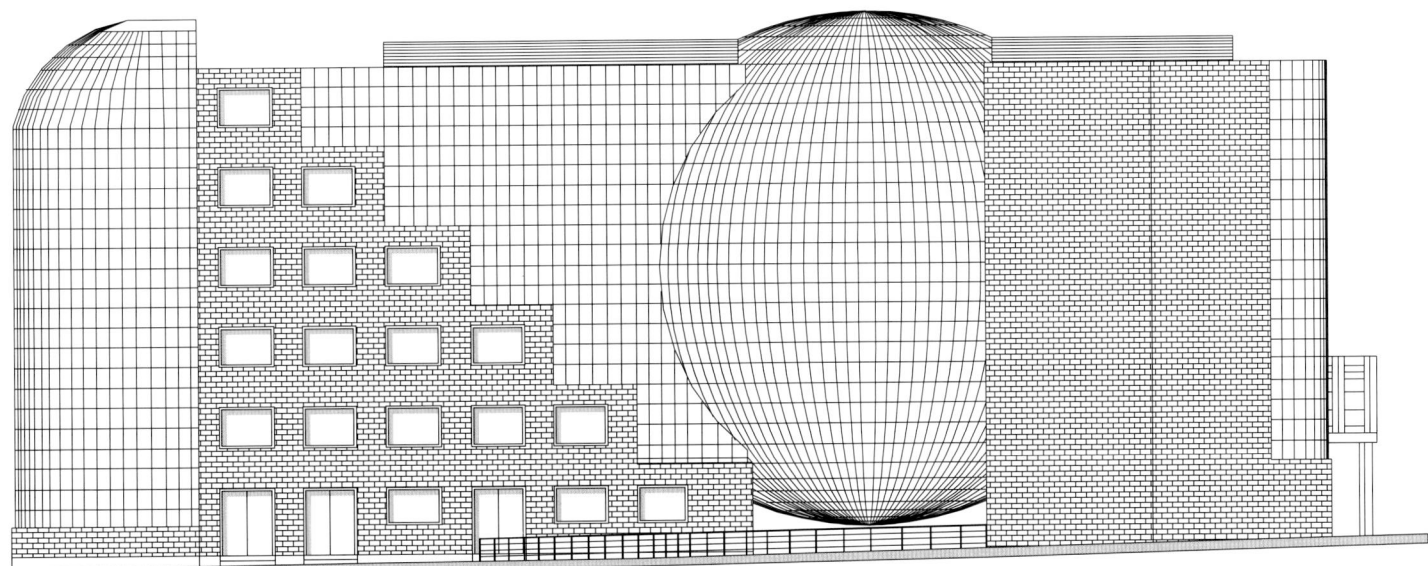

Fachada lateral / Side facade

Las esferas, además de ser los elementos que otorgan un carácter propio al edificio, se convierten en su interior en espacios amplios y agradables en los que destaca la excelente iluminación natural.

More than defining the character of the project, the spheres, in their interior, are spacious and pleasant spaces with excellent natural lighting.

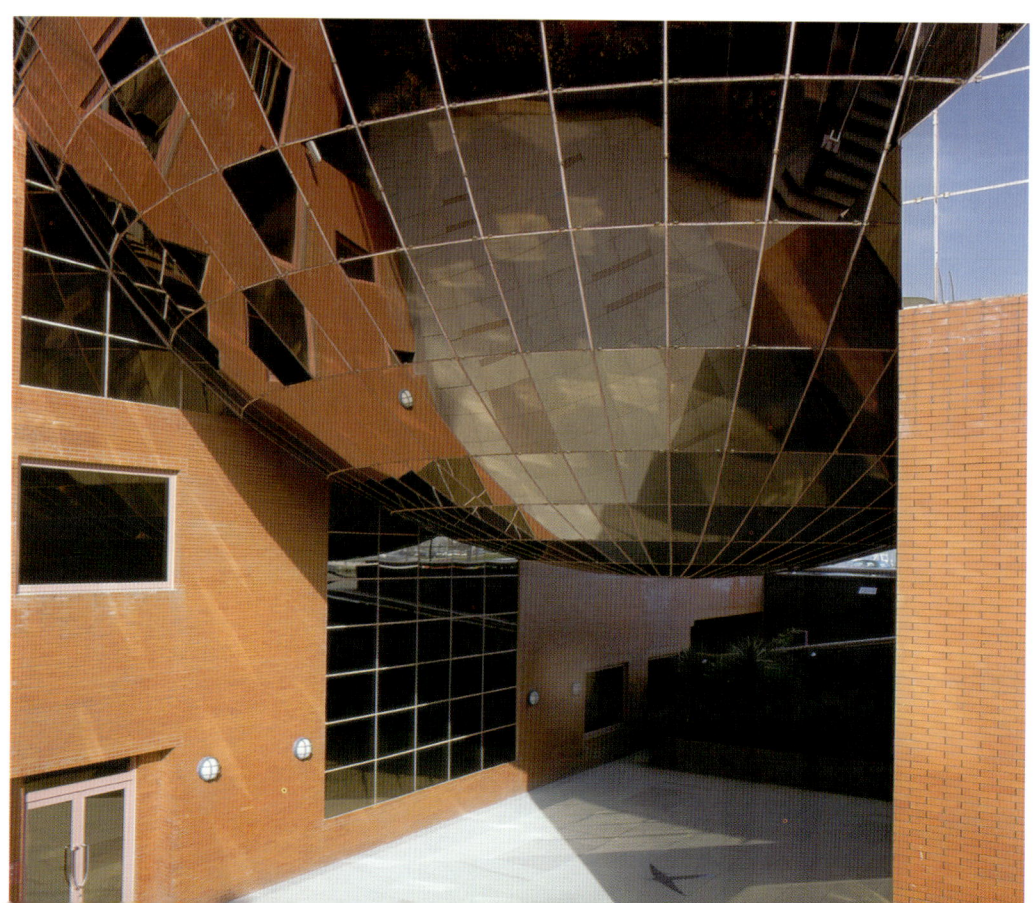

Detalle construcción / Construction detail

Detalle / Detail

Tratando de resolver con una alternativa de mayor calidad estético-funcional, la oferta comercial de los hipermercados, generalmente resueltas a base de edificios industriales, este proyecto quiso incluir un estímulo humano añadido a la oferta de los artículos de esta actividad comercial destinada al gran público.

Para ello, y basándose en las posibilidades de humanización, confort y proporción, tanto de interiores como de exteriores, el proyecto se resolvió creando espacios y cerramientos de texturas cálidas de centro convivencial, con una calle comercial, cubierta con una bóveda de cristal y columnas metálicas que ofrecen la posibilidad de un gran espacio de exposición de arte.

torreblancamarina

Torrevieja, Spain

This project's guiding principles were to add a human element to the commercial activity of supermarkets, which generally display an industrial architecture, and to provide an alternative of greater aesthetic and functional quality.

Based on the options for humanization, comfort and proportion – both on the inside and outside – the project was resolved creating spaces and enclosures with warm textures within an overall social context. An avenue of shops, covered by a glass barrel vault and metal columns, is a spacious area which offers the possibility of creating a hall for exhibiting artwork.

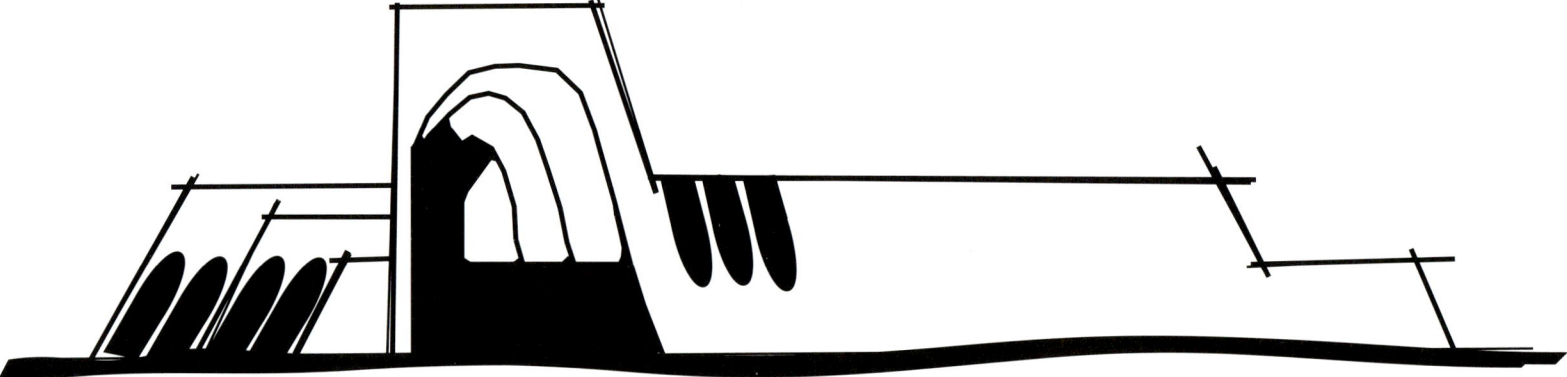

Croquis del acceso / Entryway sketch

La fachada principal del edificio muestra unos arcos retranqueados que invitan a adentrarse en el interior del conjunto. Este acceso, claramente abierto, permite una circulación libre y directa al tiempo que sirve como uno de los elementos distintivos del proyecto.

The building's main facade features inset arches which seem to invite visitors to enter the complex. This wide entrance allows for free, direct circulation, while at the same time serving as one of the project's distinctive elements.

concepto / concept

Fachada y acceso principal / Facade and main entrance

Entrada posterior / Back entrance

Fachada y acceso principal / Facade and main entrance

1

15

14

4

4

10

9

4

12

4

13

2

6

4

11

12

5

13

3

4

7

12

8

1

15

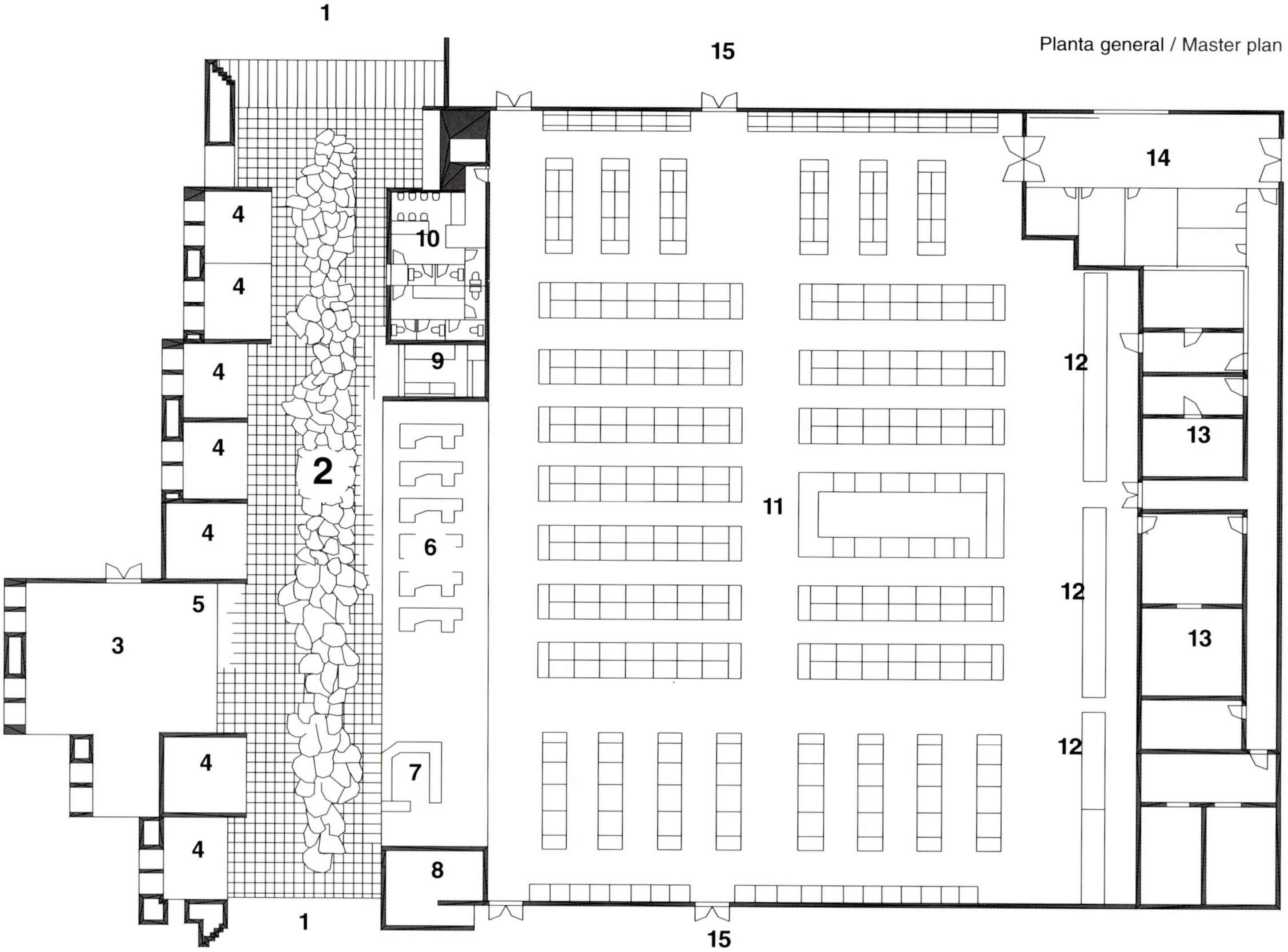

1· Accesos / Entrances

2· Calle comercial / Row of shops

3· Restaurante-cafetería / Restaurant-cafeteria

4· Locales comerciales / Shops

5· Control de cajas / Cashier control

6· Cajas / Cashiers

7· Información-seguridad / Information-security

8· Acceso a oficinas / Access to offices

9· Recogida de botellas / Bottle pick-up

10· Vestuarios y aseos / Changing rooms-toilets

11· Autoservicio / Self service

12· Mostradores / Display cases

13· Cámaras y preparación alimentos
Refrigeration and food preparation

14· Almacén / Warehouse

15· Salidas de emergencia / Emergency exits

Detalle fachada / Detail of facade

El acceso al área de alimentación se hace a través de una galeria comercial con restaurante self-service, cubierta por una bóveda de cristal que permite el paso de la luz natural a la vez que facilita protección contra los fenómenos atmosféricos.

The supermarket is accessed via a shopping gallery with a self-service restaurant, covered by a glass vault, which allows natural light to enter while at the same time providing a shield against inclement weather.

Galería comercial, restaurante self-service
Shopping gallery, self-service restaurant

Detalle fachada, salida de emergencia / Detail of facade, emergency exit

La combinación de los diferentes materiales, así como el diseño de las fachadas y del perfil de la cubierta, aportan fuerza y carácter al centro. De este modo se crea un nuevo juego de texturas y líneas que agilizan y efrescan el urbanismo de la zona.

The combination of different materials as well as the design of the facades and roofline add strength and character to the center, thereby creating a new interplay of textures and lines which make for a sleeker, fresher urban planning in the area.

Una bóveda de cristal, policarbonato, sobre la galería comercial crea un ambiente natural.

A vault of polycarbonate glass above the shopping gallery creates a natural atmosphere.

Galería comercial / Shopping gallery

Construcción de la bóveda de cristal y de la entrada catedralicia
Construction of the glass vault and cathedral-like entrance

Detalle cubierta de la galería comercial
Detail of roof over shopping gallery

Construcción de la fachada del Restaurante self-service
Construction of the facade and self-service restaurant

Detalle de muro y ventana del restaurante self-service
Detail of wall and window of self-service restaurant

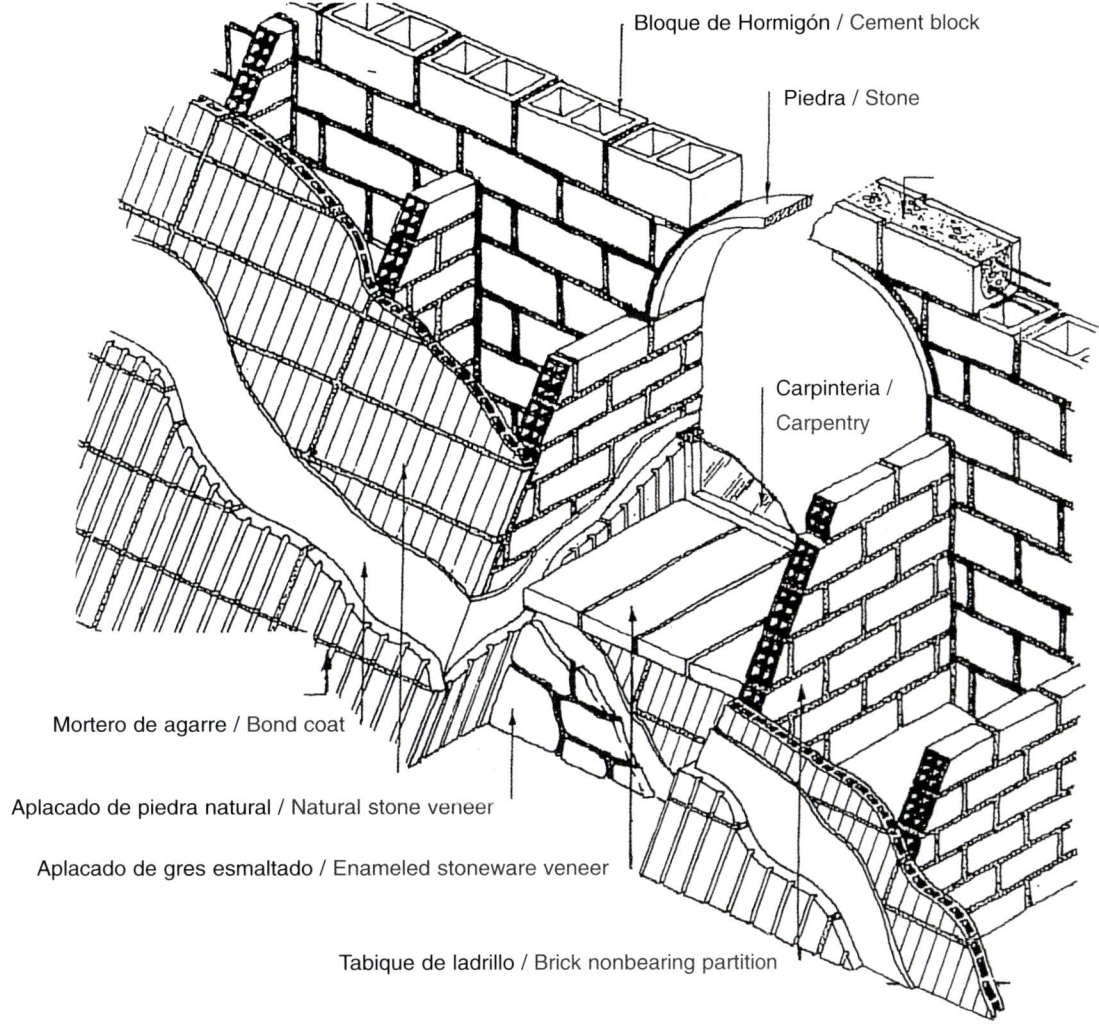

Bloque de Hormigón / Cement block

Piedra / Stone

Carpinteria /
Carpentry

Mortero de agarre / Bond coat

Aplacado de piedra natural / Natural stone veneer

Aplacado de gres esmaltado / Enameled stoneware veneer

Tabique de ladrillo / Brick nonbearing partition

detalles / details

Se trata de un proyecto en el que la búsqueda de los signos de identidad se manifiesta en la creación de áreas comunes propias que permiten consolidar un estilo de vida, con la intención de aportar nuevos espacios habitables de convivencia que mejoren la calidad de vida de sus habitantes en esta zona residencial. Se cuidaron todos los aspectos técnicos y estéticos hasta el mínimo detalle consiguiendo un edificio que dentro de una sencilla paleta de color confiere a la obra un aire luminoso. Se prestó especial antención a la eliminación de las barreras arquitectónicas dado el gran desnivel del emplazamiento del edificio. Un jardín privado y cuidadosamente diseñado, con piscina y extensa vegetación favorece los espacios de relación familiar.

El conjunto residencial de Haciadama, donde se ubica este edificio, dispone además de centros comerciales, un centro de salud, colegios y parques públicos, por lo que se puede decir que se trata de una unidad ecológicamente humanizada en la que los elementos singulares utilizados definen su individualidad.

pintorargüelles

Culleredo, Spain

This is a project in which the search for identifying signs is made manifest in the creation of community areas which help consolidate a way of life. The quality of life of the inhabitants of this residential complex is improved by the creation of new, shared living spaces. All of the technical and aesthetic aspects were treated with care, down to the smallest detail, thereby achieving a building which displays a luminous air conferred by a subtle color palette. Given the marked slope of the building's plot, special attention was given to eliminating architectonic barriers. A carefully designed private garden, with a swimming pool and abundant foliage, enhances the family spaces.

The Haciadama residential complex, where this building is located, also has shops, a health center, schools and public parks, all of which makes this an ecologically humanized area in which unique elements define its individuality.

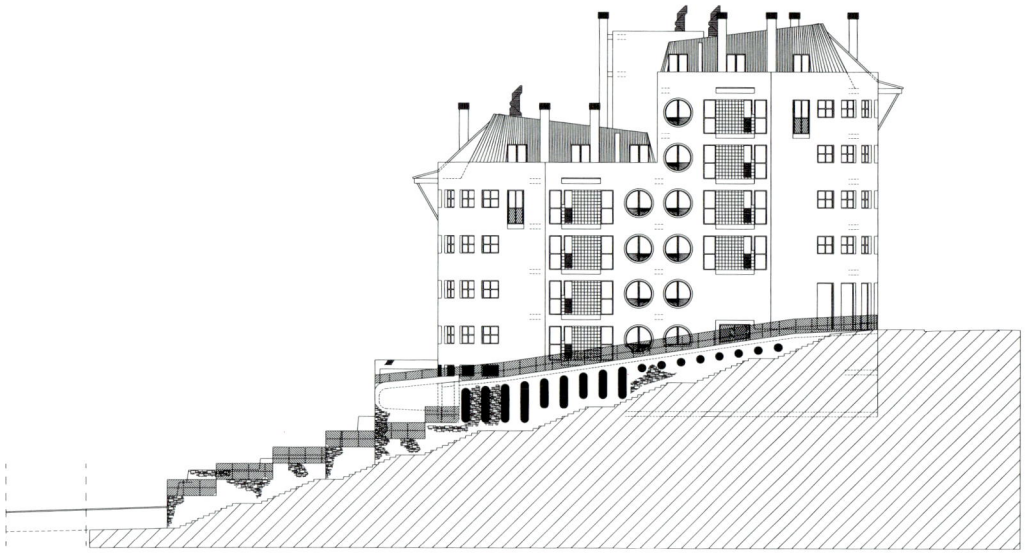

Alzado lateral / Side elevation

La composición de las formas geométricas y el análisis cromático hacen que el edificio muestre su propio lenguaje simple pero repleto de matices.

The composition of the geometric forms and the analysis of the color scheme give the building its own language, yet one which is full of nuances.

Boceto de zaguán de entrada / Sketch of entrance hall

concepto / concept

62

Fachada lateral y galería comercial cubierta
Side facade and covered row of shops

Área de convivencia familiar con piscina y jardín
Community area with swimming pool and garden

Los espacios interiores de las viviendas son extensos y están bien comunicados. Todas ellas disponen de un trastero así como de plaza de garaje.

The interiors of the homes are spacious and have a well-connected layout. Each home has its own storage room and garage.

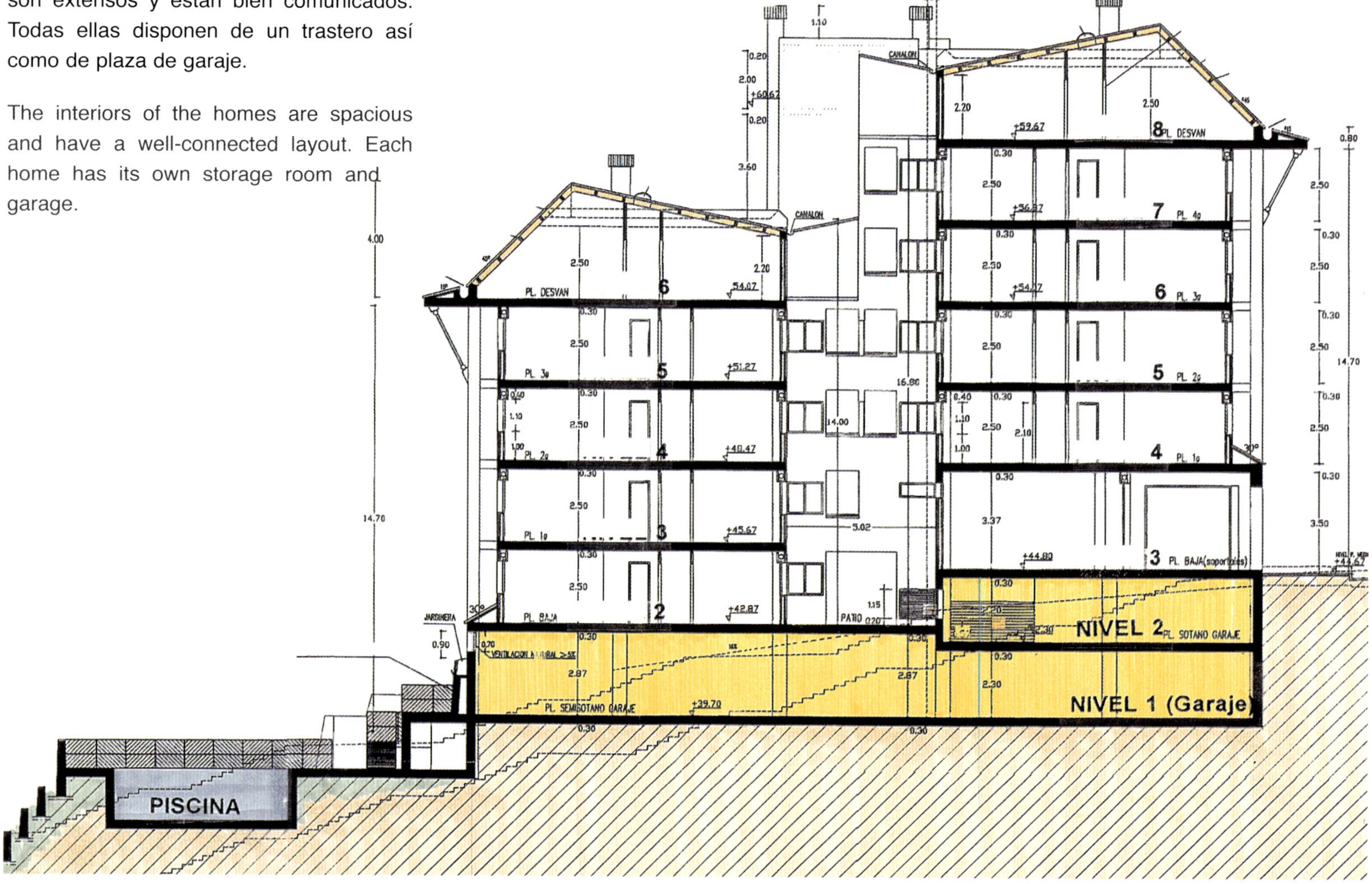

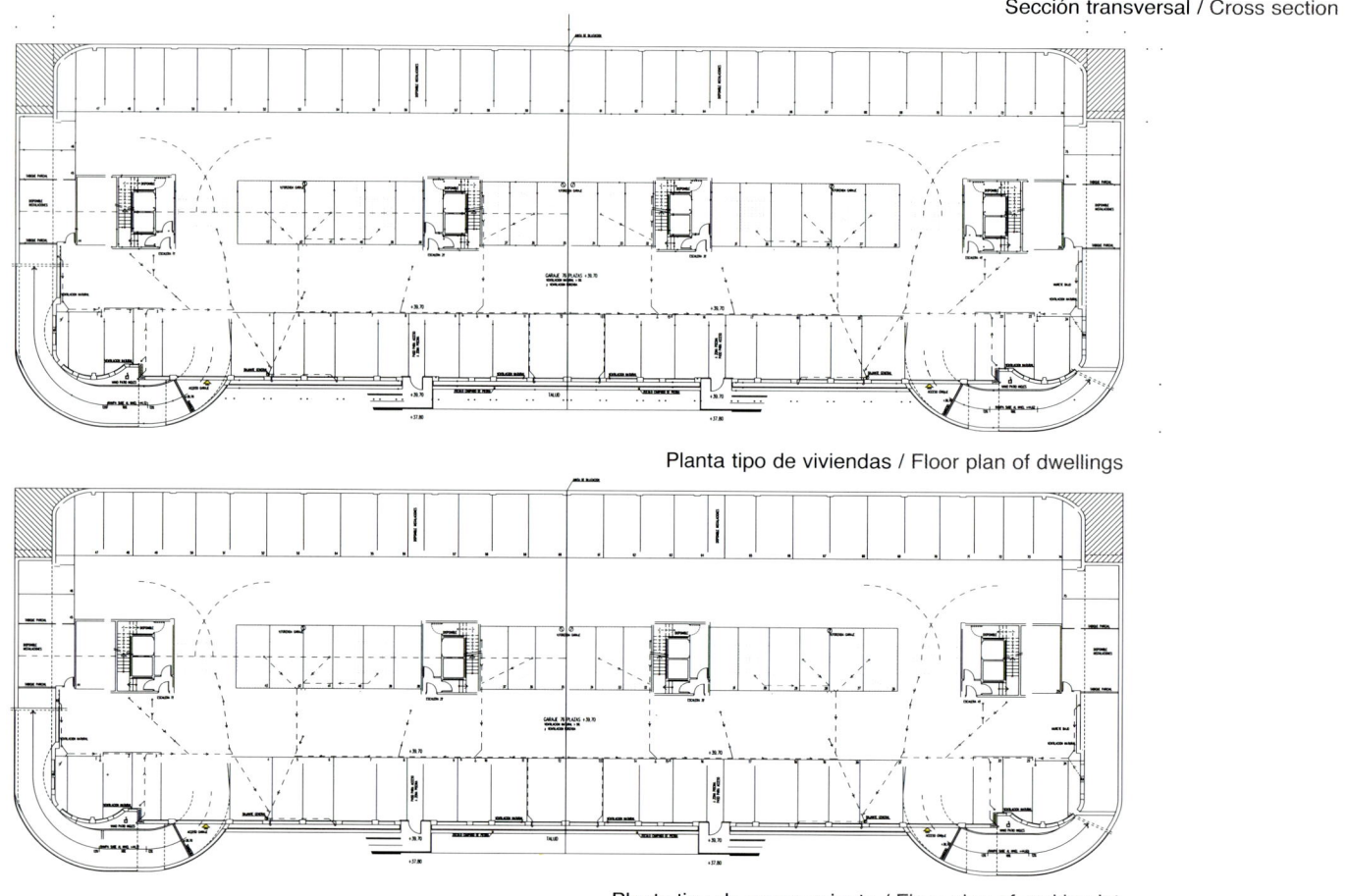

Sección transversal / Cross section

Planta tipo de viviendas / Floor plan of dwellings

Planta tipo de aparcamiento / Floor plan of parking lot

Fachada lateral. Remate superior y chimeneas / Side facade. Finishing roof details and chimneys.

El inconveniente topográfico se resolvió diseñando el área de convivencia con la piscina y el jardín, en la parte más baja del terreno de forma que mantuviera relación con las rutas de circulación vertical de acceso a las viviendas.

Topographic obstacles were resolved with the design of a community area with a swimming pool and garden located on the lowest part of the plot so that it would maintain a relationship with the vertical circulation routes which provide access to the homes.

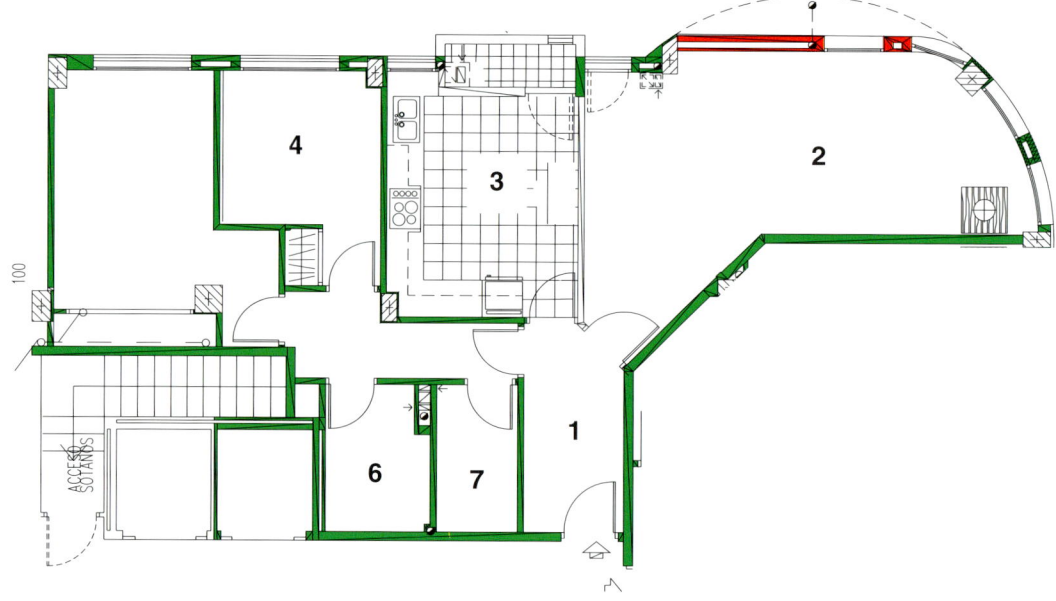

Planta tipo de esquina / Standard floor plan of a corner flat

1· Vestíbulo / Entrance hall

2· Salón - estar / Living room

3· Cocina y galería / Kitchen and gallery

4· Dormitorio 2 / Bedroom 2

5· Dormitorio / Bedroom

6· Baño / Bathroom

7· Baño 2 / Bathroom 2

Detalle cocinas / Detail of kitchens

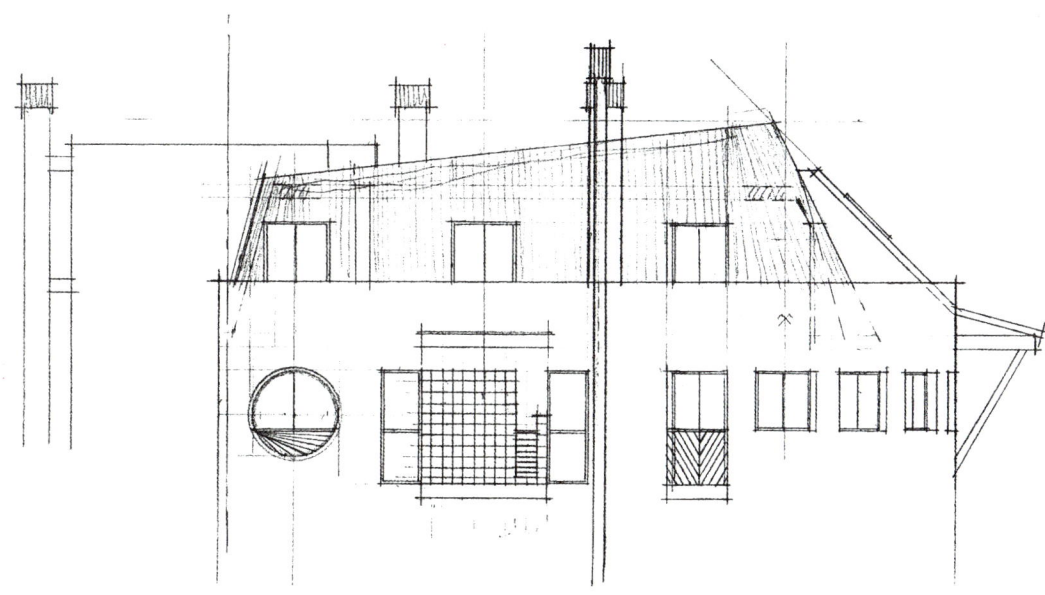

Croquis detalle del remate de la cubierta / Sketched detail of the roof

detalles / details

La disposición en ángulo del hotel con relación a las calles perimetrales permite la creación de un gran jardín interior, generosamente dotado de piscinas y vegetación típica de la zona. El acceso al edificio es a través de una gran rotura provocada en la torre, donde se ubica la puerta principal de entrada, a la que se llega después de atravesar un pórtico de clara influencia modernista y un puente sobre un lago. Un amplio vestíbulo de gran altura interrelaciona todas las plantas del hotel.

Todas las habitaciones poseen terrazas orientadas la mar, con mobiliario diseñado exclusivamente para este proyecto.

hotelmiocid

Alicante, Spain

The hotel's placement at an angle to the side streets freed up space for a large inner garden, filled with abundant vegetation endemic to the area and swimming pools. A bridge spanning a lake and a modernista-inspired portico lead to the main entrance, which is tucked into a large breach cut out from the tower. A high, spacious vestibule connects all of the floors of the hotel. Each room enjoys a sea-facing terrace and furniture designed exclusively for this project.

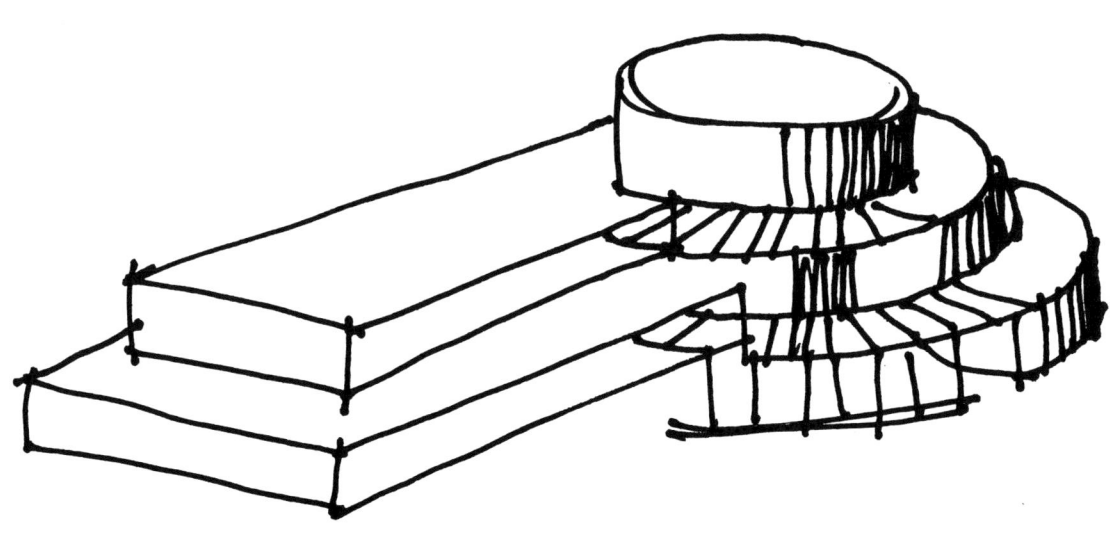

Croquis de desarrollo del acceso y habitaciones / Planning sketch for the entryway and bedrooms

Croquis de zona de acceso / Sketch of access area

concepto / concept

Perspectiva en croquis del acceso / Sketched perspective of the entryway

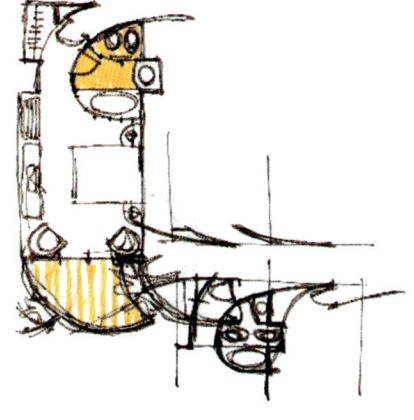

croquis de distribución de habitaciones
Sketch of the room distribution

El acceso al edificio y el espacio interior fueron elementos claves en el desarrollo del proyecto, asi como el diseño de la cúpula invertida, realizada a base de piezas de cerámica esmaltada especiales y realizada en un antiguo horno siguiendo un proceso de fabricación artesanal, empleado en algunas iglesias de la zona.

Key elements in the project's development were the main entrance, the interior space and the design of an inverted cupola, which is adorned with pieces of enameled ceramic treated in an old kiln, using the same crafting techniques as those used in some local churches.

Fachada lateral / Lateral facade

1. Recepción / Reception
2. Cafetería / Cafeteria
3. Habitaciones / Rooms
4. Estanque de acceso / Entrance fountain
5. Acceso al hotel / Hotel access
6. Piscina de adultos / Swimming pool
7. Piscina infantil / Children's swimming pool
8. Zona de tumbonas / Lounge chair area
9. Rampa de acceso a sótano / Basement access ramp
10. Zona de mesas de jardín / Garden table area
11. Jardines del hotel / Hotel gardens
12. Zona de sombrillas / Sunshade area

Planta general / Master plan

Jardín interior / Inner garden

Fachada de acceso / Entrance facade

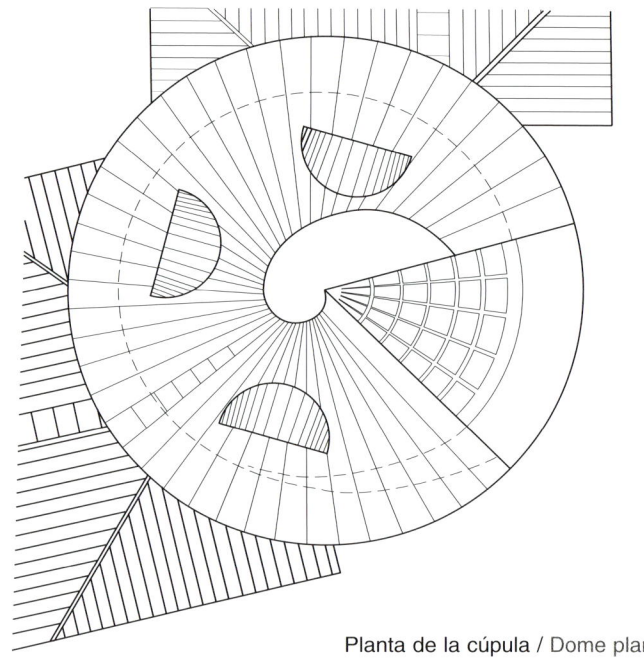

Planta de la cúpula / Dome plan

De noche las luces interiores, a través del muro cortina de acceso, invitan a entrar. De día este muro de cristal ilumina todo el interior del vestíbulo con luz natural.

At night, the interior lights, when glimpsed through the entrance's curtain wall, beckon one to enter. By day, this glass wall fills the vestibule with natural light.

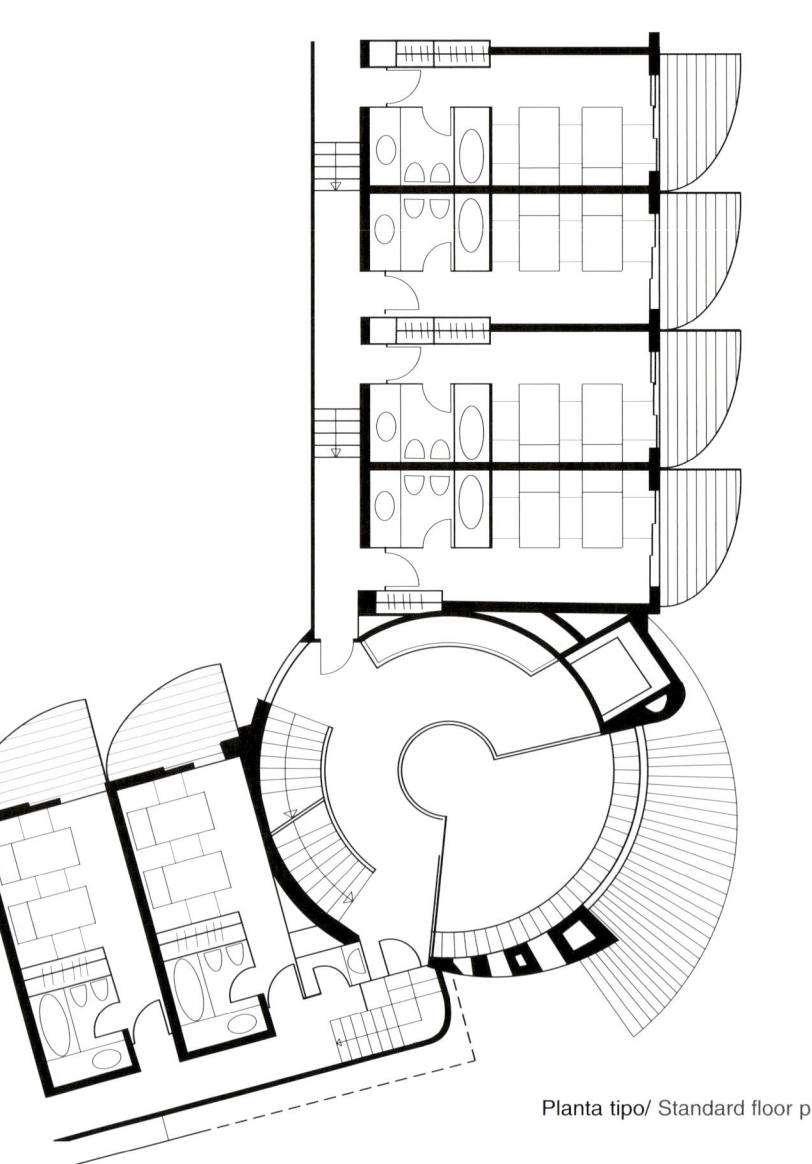

Planta tipo/ Standard floor plan

Pórtico de acceso / Entrance gate

Perspectiva del pórtico de acceso / Perspective of the entrance gate

3'50

2'50

10'00

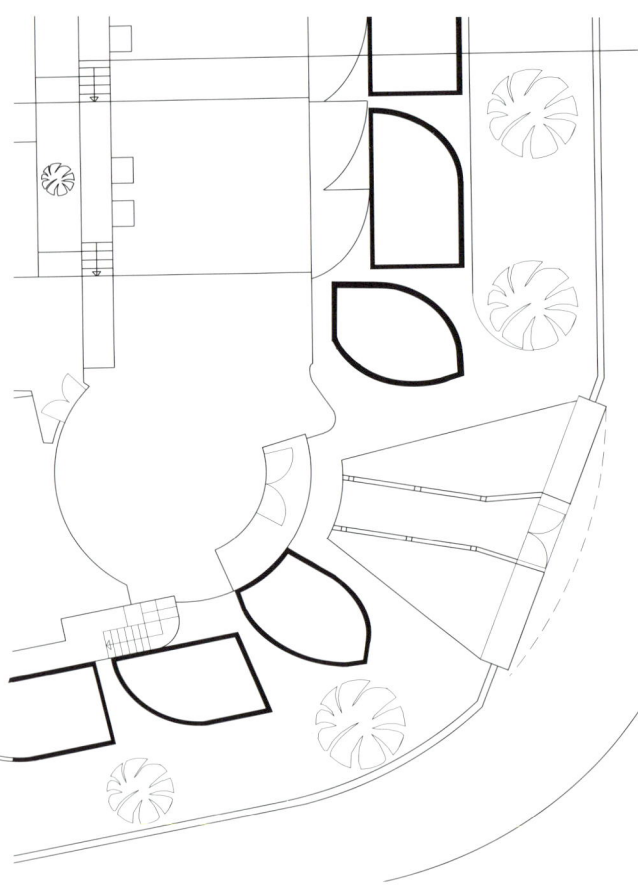

Planta del puente de acceso / Access bridge plan

Hotel

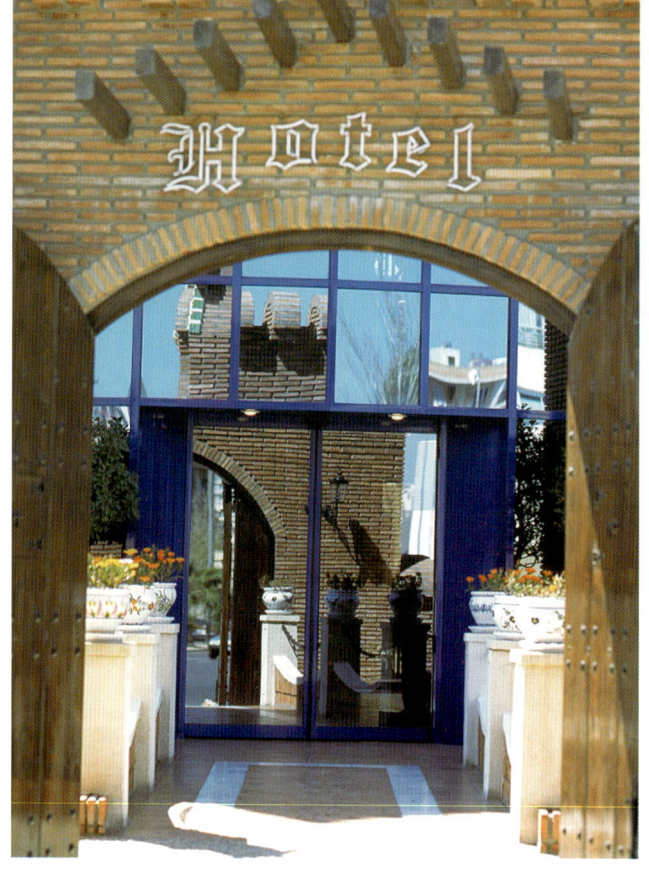

1. facing brick
2. spotlights
3. underwater lights
4. artificial stone column
5. retaining wall of the pond, with artificial stone
6. water drainage
7. group of spouts
8. wooden bridge

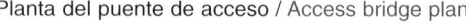

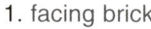

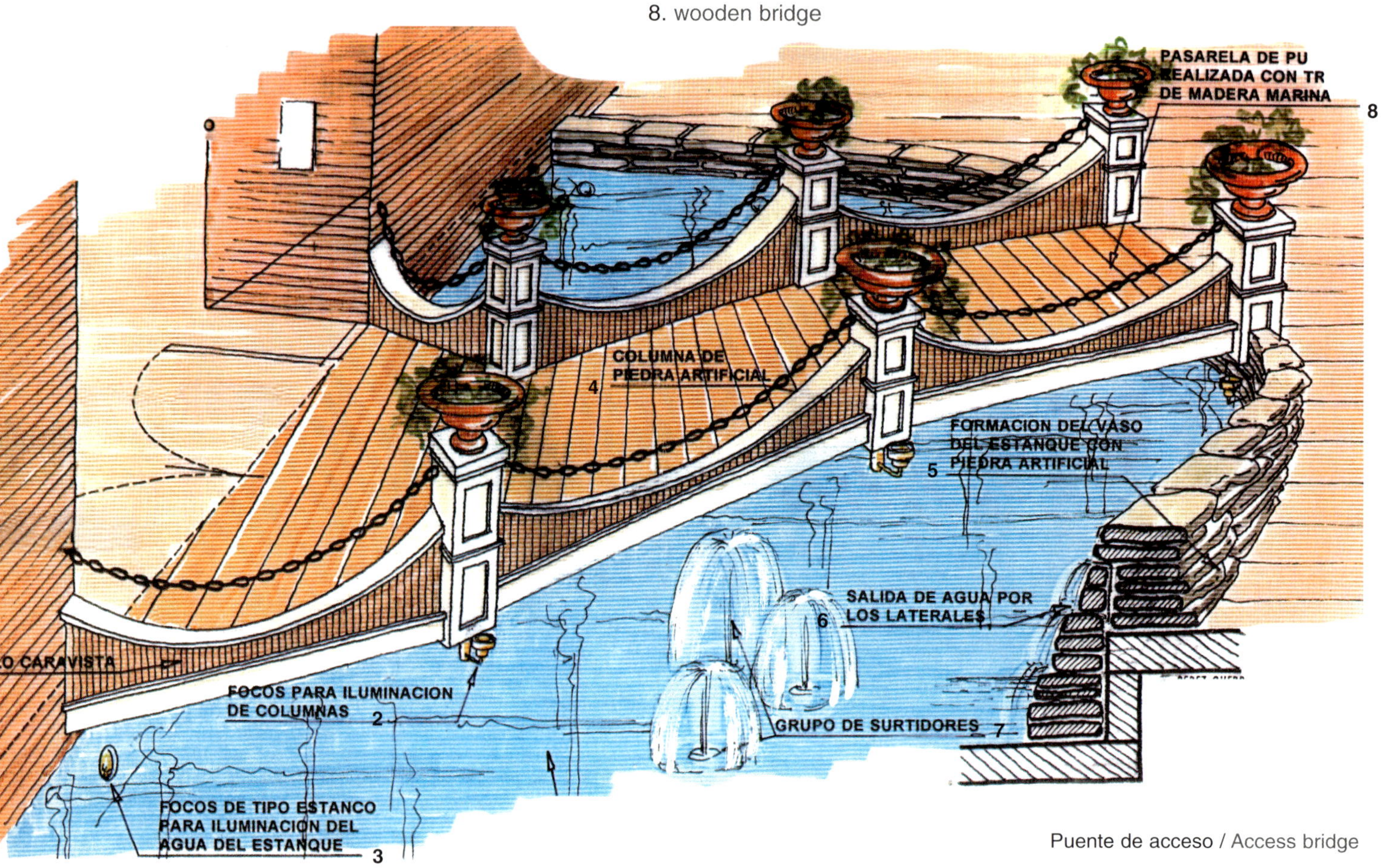

PASARELA DE PU
REALIZADA CON TR
DE MADERA MARINA
8
COLUMNA DE PIEDRA ARTIFICIAL
4
FORMACION DEL VASO DEL ESTANQUE CON PIEDRA ARTIFICIAL
5
SALIDA DE AGUA POR LOS LATERALES
6
1
LADRILLO CARAVISTA
FOCOS PARA ILUMINACION DE COLUMNAS
2
GRUPO DE SURTIDORES
7
FOCOS DE TIPO ESTANCO PARA ILUMINACION DEL AGUA DEL ESTANQUE
3

Puente de acceso / Access bridge

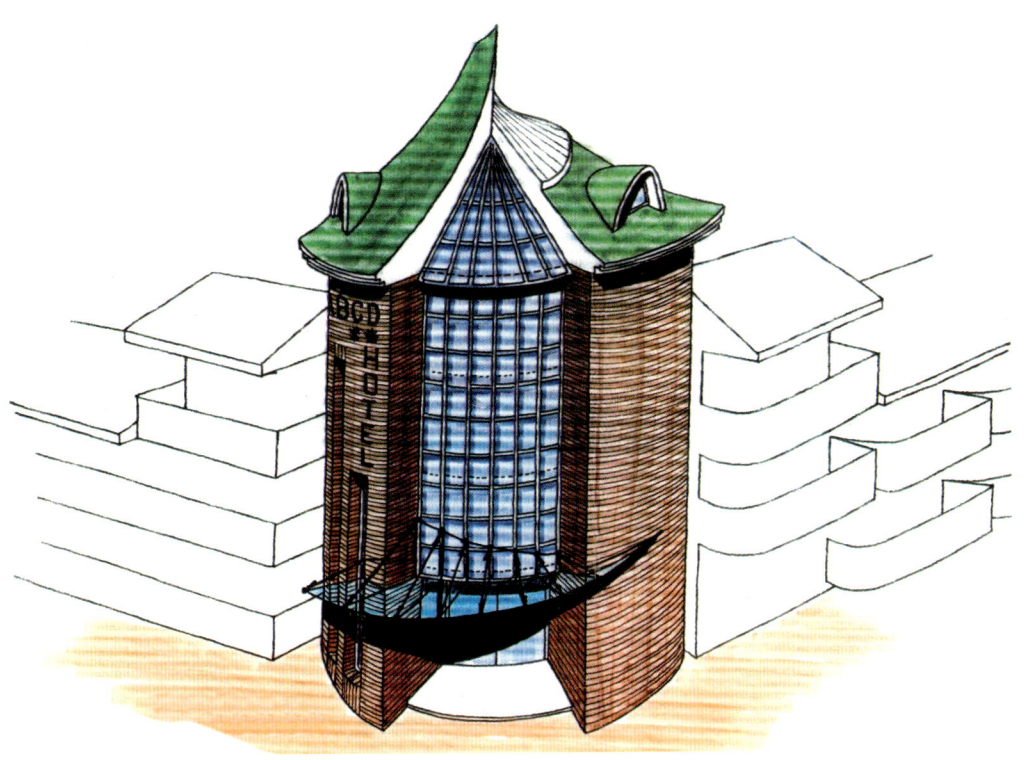

En la página anterior, el acceso principal a través del pórtico y del puente.
Diseño de la torre de acceso con su apertura acristalada y su coronación con una cúpula de cerámica esmaltada.

On the previous page, the main entrance, accessed via the portico and bridge.
Design of the entrance tower with its glazed opening, crowned by an enameled ceramic cupola.

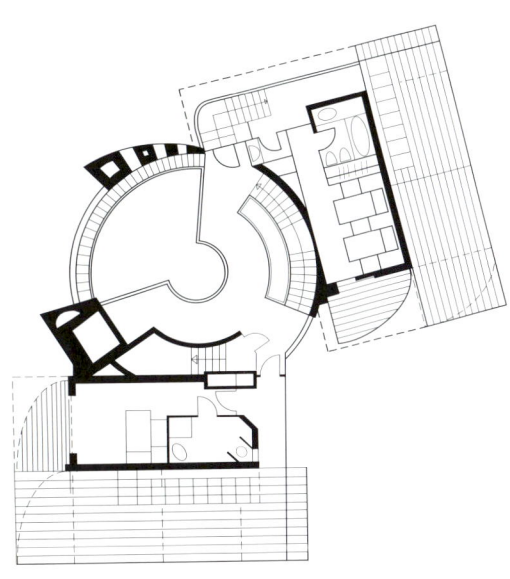

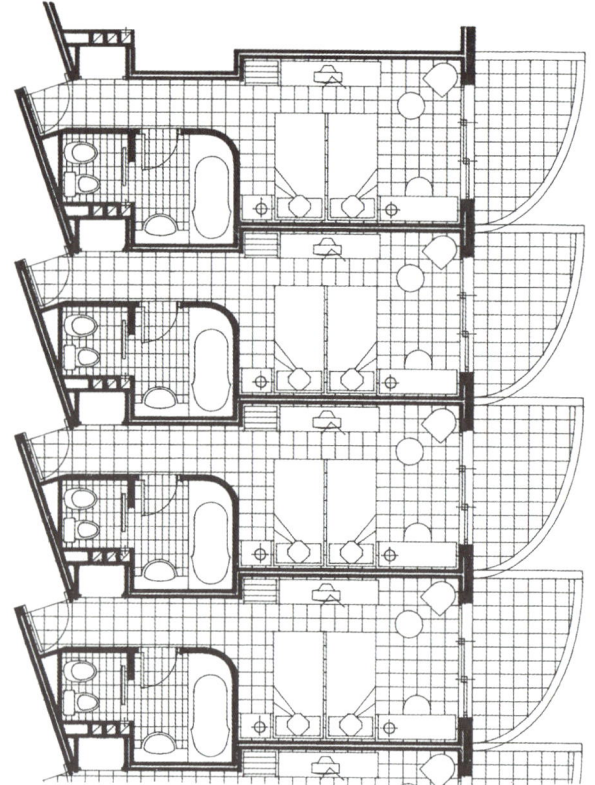

Plantas de habitaciones tipo / Floor plan of the rooms

La concepción de un diseño original pero con raíces, y la maestría de la mano de obra local hacen posible la diversidad de formas y materiales. Destaca sobre todo el juego del ladrillo con la cerámica de color verde, una combinación que proporciona al recinto la necesaria calidez de un sitio de descanso.

An original design, yet not without its roots, and fine local craftsmanship allow for a diverse range of forms and materials. Of particular note is the interplay between brick and green tile, a combination which adds the warmth which is necessary in a place of relaxation.

area de circulación / Circulation area

Detalle de las terrazas / Detail of terraces

Perspectiva del proyecto de los pórticos interiores / Perspective of interior porticos

Vestíbulo de acceso / Entrance hall

detalles / details

83

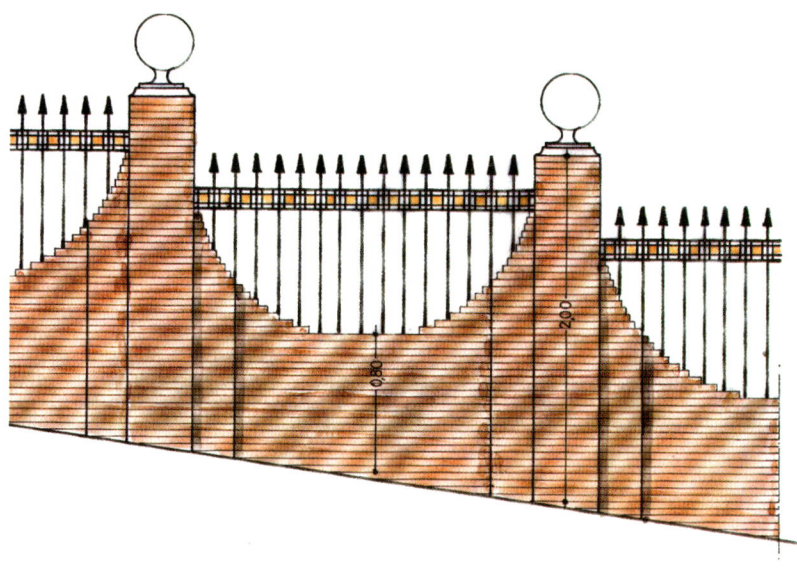

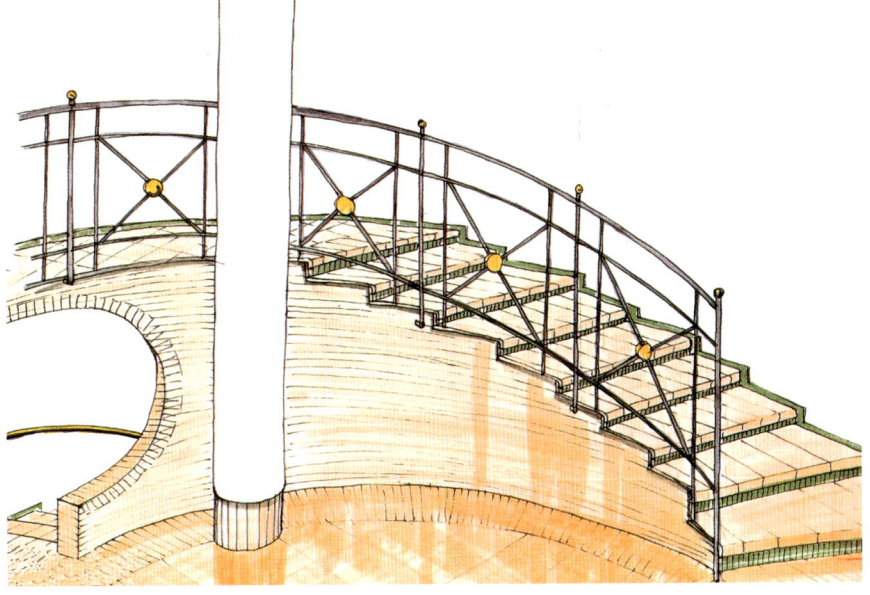

Detalles de cerrajería / Details of locksmith's craftwork

De nuevo, las formas y materiales nos sorprenden en su diversidad, pero ahora acompañadas del hierro forjado, trabajado en este caso de una manera artesanal.

Again, the shapes and materials are surprising in their diversity, now accompanied by iron, which has been, in this case, skillfully wrought.

Detalle barandilla del vestíbulo de acceso / Detail of the handrail in the entrance hall

La planta superior de desarrollo lineal está cubierta por un tejado a cuatro aguas del que penden unos tirantes de acero que soportan un voladizo de hormigón para proteger del sol las dos plantas inferiores, alternadas por columnas, igualmente de hormigón, en color negro oxidón. La identidad del edificio se logra a base de utilizar una gama muy simple de materiales, hormigón negro y cristal oscuro, que se matiza por un fuerte entramado de carpintería de aluminio de color rojo puro.
Un tragaluz de cristal interrelaciona el vestíbulo con el resto de las plantas del edificio.
Las columnas estructurales del exterior son de corte clasicista en su coronación.

instituto **oftalmológico**

Alicante, Spain

The linear upper floor is topped by a hipped roof, connected (via steel ties) to a concrete projection, which shields the two lower floors from the sun. Oxide black concrete columns are situated along the two lower floors.
The building's identity is defined by the use of a simple range of materials: black concrete and tinted glass, blended with a solid framework of bright red aluminum work.
A glass skylight interrelates the vestibule with the rest of the floors. The exterior structural columns are crowned in the classical style.

La combinación de líneas curvas y rectas, visibles en la fachada, aporta un dinamismo al proyecto que rompe, en cierto sentido, con la uniformidad que conlleva el uso de cristal como elemento constructivo principal. Por otro lado, se decidió que el tratamiento del terreno circundante, dotado de agradables zonas ajardinadas, fuera tan importante como el del propio edificio para lograr una excelente comunicación.

The combination of curved and straight lines on the facades brings a dynamic quality to the project which, in a sense, is a departure from the uniformity involved in the use of glass as a primary constructive element.
On the other hand, the treatment of the site, with its pleasant gardens, was considered as important as the building itself for achieving excellent communication.

Planta primera / First floor   **Planta segunda** / Second floor

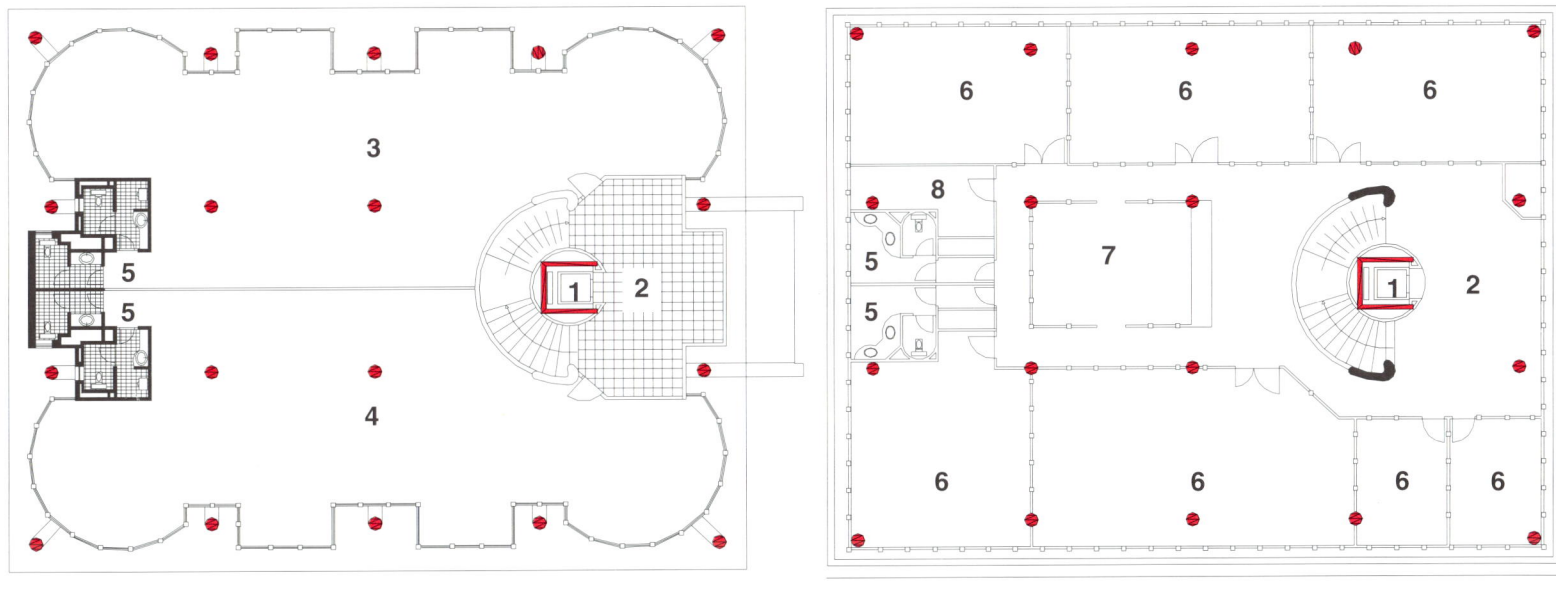

1· Ascensor de cristal / Glass elevator   **2·** Distribuidor planta / Landing   **3·** Oficina 1 / Office 1   **4·** Oficina 2 / Office 2   **5·** Aseos / Toilets
6· Despachos / Offices   **7·** Hueco sobre planta inferior / Opening above ground floor   **8·** Archivo / File room

Para enfatizar el carácter de este proyecto se utilizó el color rojo puro como un elemento que permitiera identificar no sólo el edificio sino también el recinto en el que se inscribe. Así, tanto la fachada como las vallas perimetrales dialogan manteniendo el sentido de unidad.

To emphasize this project's character, red was chosen as an element which would identify not only the building, but also the plot on which it sits.
Therefore, the facade as well as the surrounding walls are complementary elements which maintain a sense of unity.

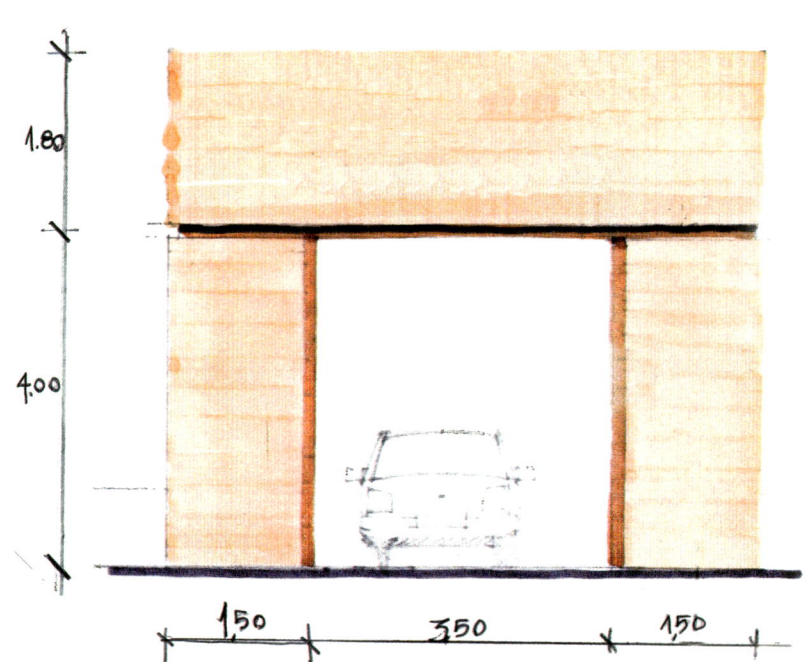

Portico de acceso / Access portico

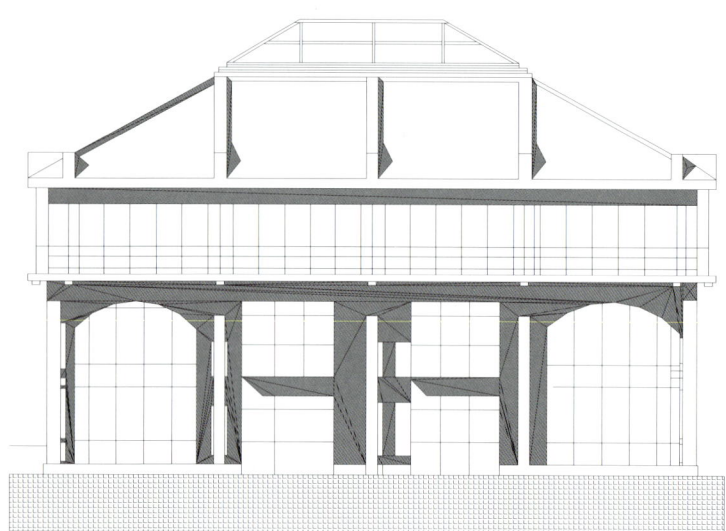
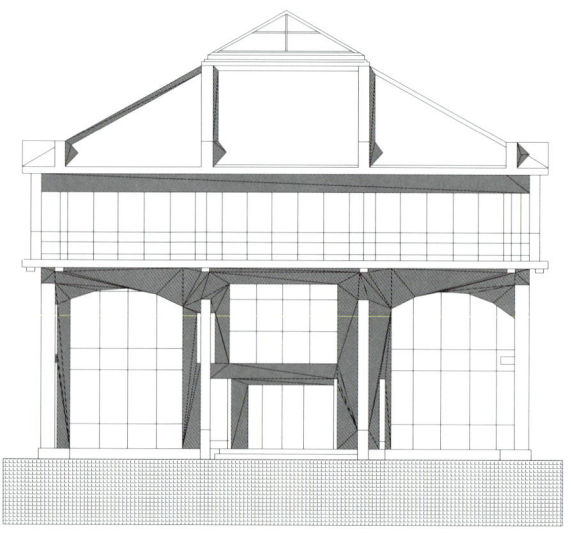

Alzados / Elevations

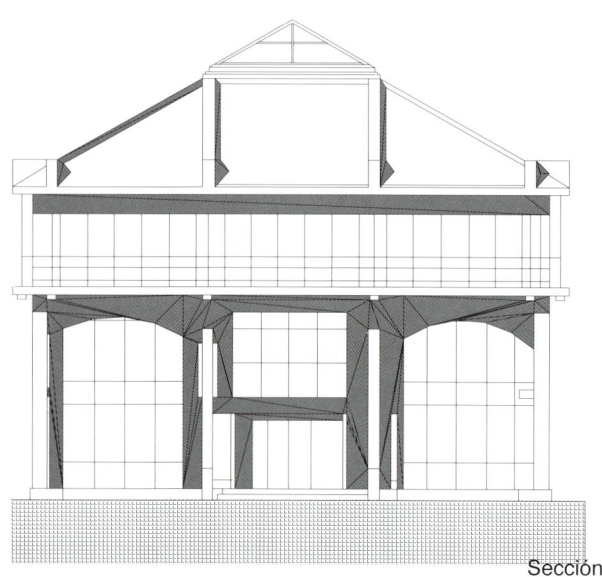

Sección / Section

Fachada posterior / Back facade

El edificio se ideó con formas simples, combinando los diferentes materiales constructivos.

The building was planned with simple shapes, combining different construction materials

Detalle / Detail

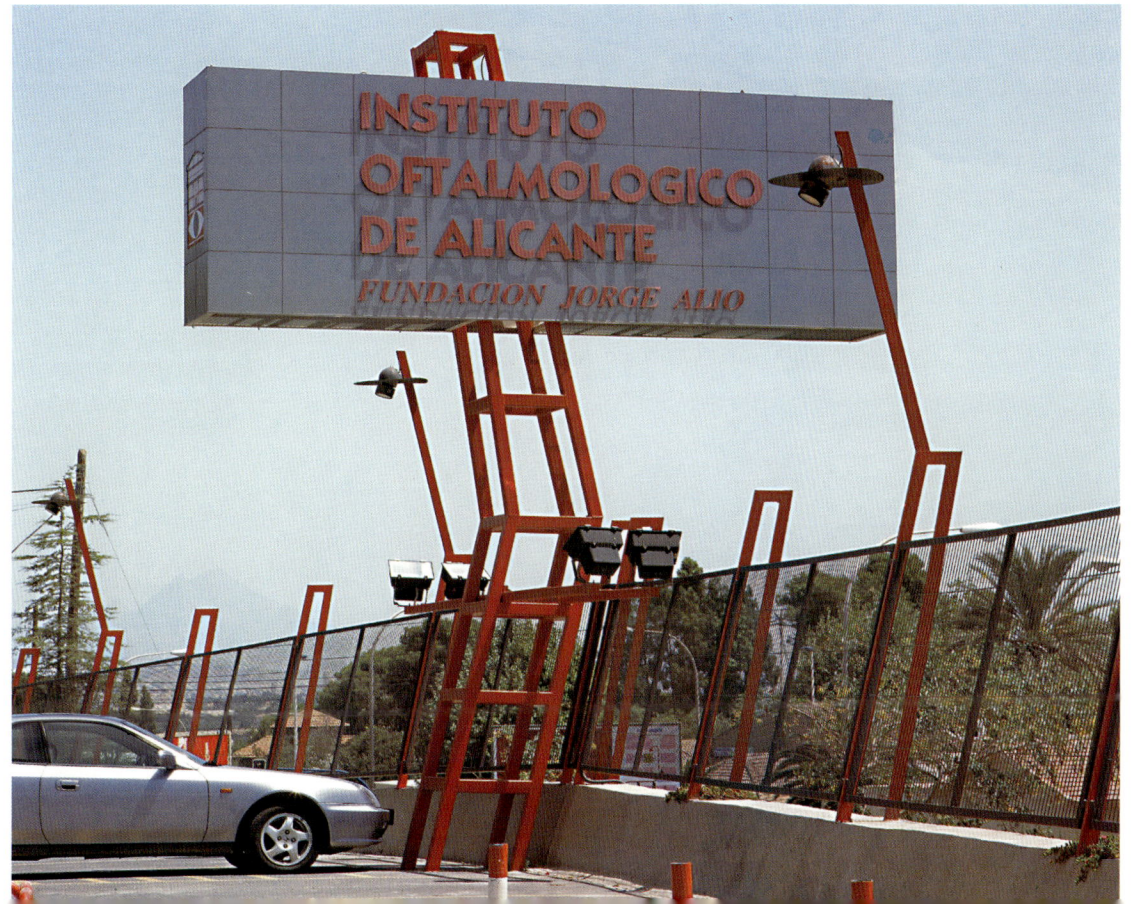

91

Esta construcción se realizó a partir de un exhaustivo estudio del reflejo y rebote de las ondas sónoras emitidas por las distintas corales en el Certamen Interńacional de Habaneras y Polifonía, anual. De esta manera, el diseño de Tornavoz responde a todas las exigencias que un recinto de este tipo precisa para que funcione adecuadamente. Dado que, en los Coros, el foco emisor del sonido no es puntual, sino que es volumétrico y se extiende por el espacio abierto, de 50 m de longitud, el sonido había que enviarlo directamente a la audición de los espectadores y sin rebotes. Para ello, se optó por construir un escenario que fuera como un altavoz natural, evitando de este modo la utilización de medios de megafonía, que siempre matizan y transforman la calidad de la voz.

Es importante reseñar que el proyecto del tornavoz está complementado con la ubicación de un museo y una escuela-taller dedicada a la enseñanza de las artes marineras y a la artesanía local: unas actividades idóneas para esta zona de la costa mediterránea que conjuga perfectamente con esta edificación destinada al ocio y la cultura.

tornavoz

Torrevieja, Spain

This construction was based on an exhaustive study of sound reverberations from the choirs which compete in the Annual Habaneras and Polyphony Competitions.

The Tornavoz design therefore meets all of the requirements needed for its proper functioning. A choir does not emit sound from one specified point; rather, it flows throughout the space and it must somehow be transmitted directly to the audience. Keeping this in mind, a stage was built which would function as a natural loudspeaker, thereby avoiding the use of artificial means which always taint or change the quality of the voice.

It is also worth pointing out that Tornavoz is complemented by a museum and workshop dedicated to teaching the seafaring arts and local craftsmanship - ideal activities for this area of the Mediterranean coast and in perfect consonance with this building, which is intended for recreation and culture.

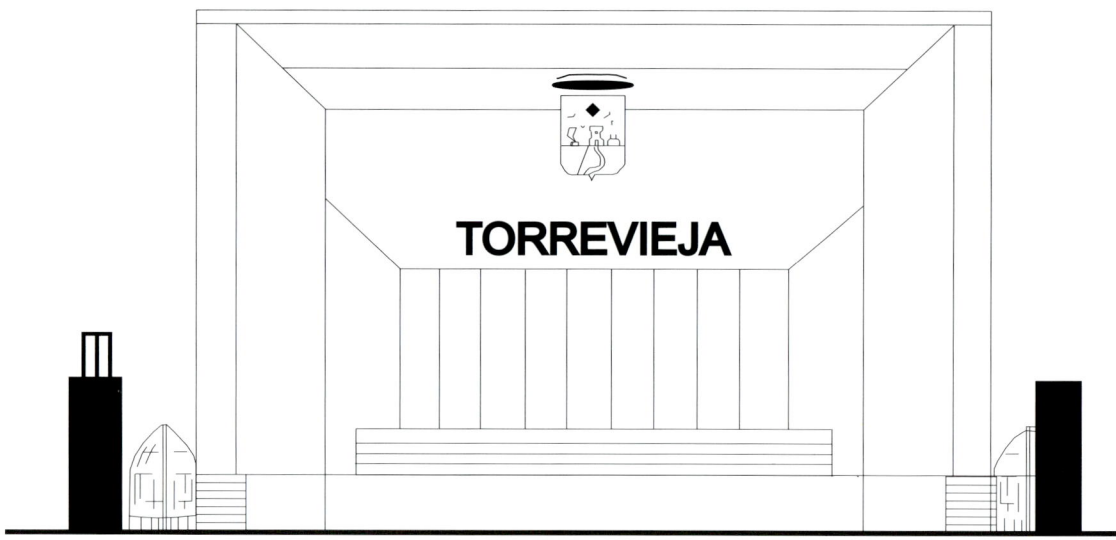

Alzado frontal del escenario / Front elevation of stage

De forma sencilla, pero no simple, el Torna-voz responde a las exigencias acústicas con una estética racional, simple y efectista.

In a simple - but not simplistic - way, Tor-navoz complies with the acoustic require-ments with an aesthetic which is at once rational, unassuming and effective.

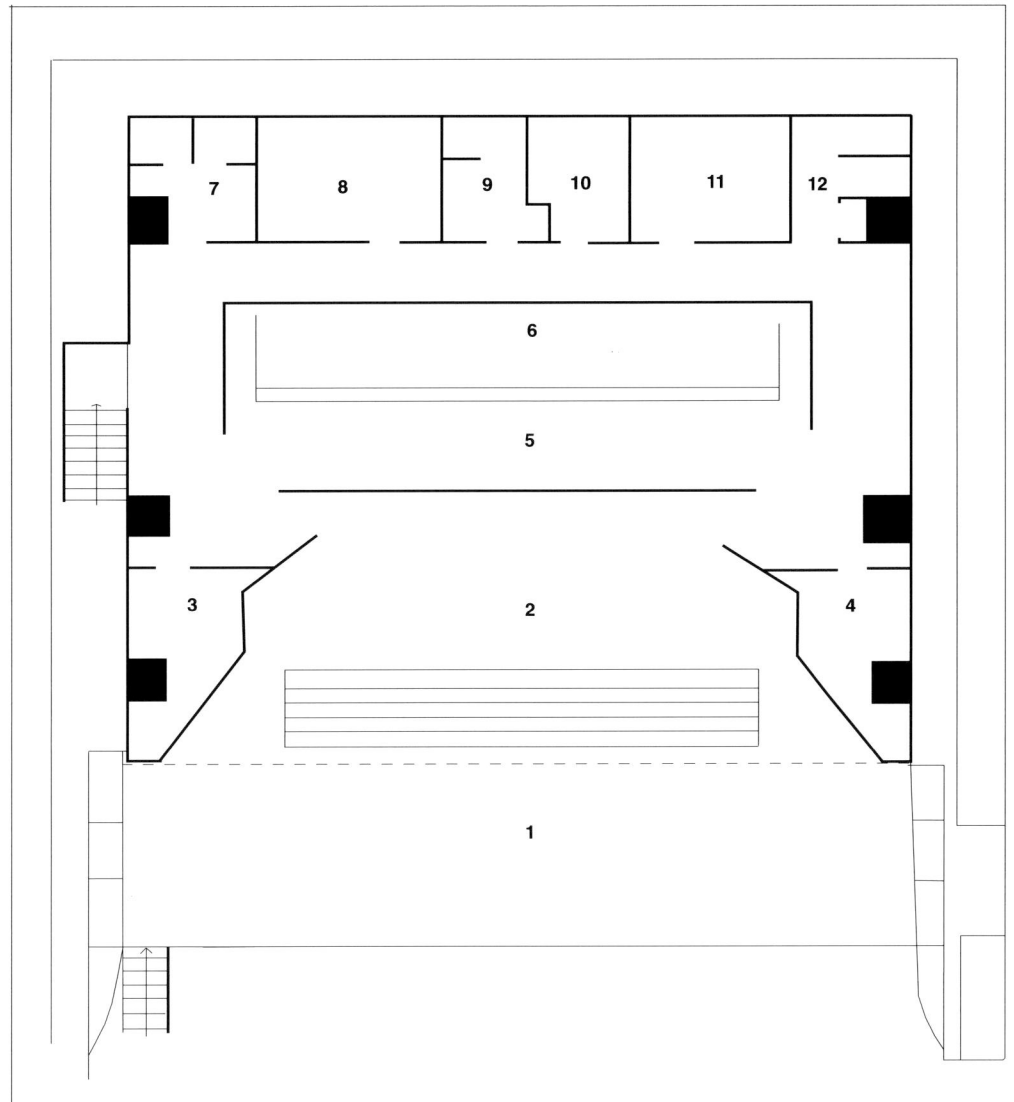

Planta / Floor plan

1· Escenario / Stage

2· Gradas / Steps

3· Cuadro de mando
Control panel

4· Hueco manejo de telón
Curtain control

5· Paso / Walkway

6· Cortina / Curtain

7· Aseo caballeros / Men's toilet

8· Vestuarios caballeros
Men's wardrobe

9· Camerino caballeros
Men's dressing room

10· Camerino señoras
Ladies' dressing room

11· Vestuarios señoras
Ladies' wardrobe

12· Aseo señoras
Ladies' toilet

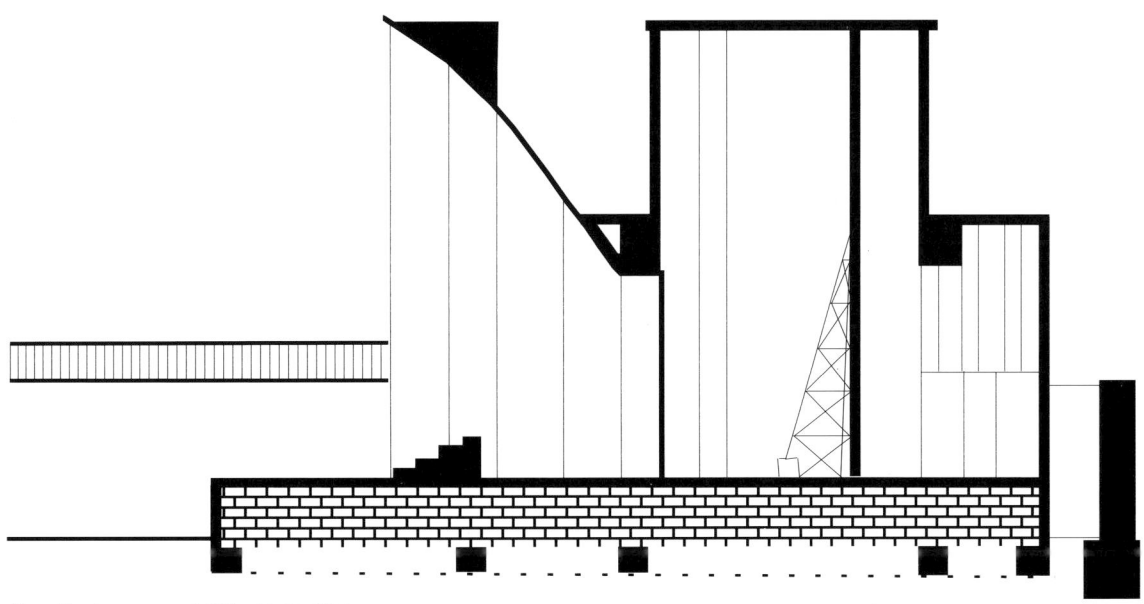

Sección transversal / Cross section

La obra consiste, de nuevo, en una construcción de hormigón muy sencilla pero de una clara y contundente expresión volumétrica donde destaca la ligereza frente a la robustez del hormigón que es tan apreciado por el autor de la obra, además de aportar un sonido reflejado de una calidad reconocida por los más expertos maestros de corales.

Once again, the work consists of a very simple concrete structure, which nonetheless displays a clear and forceful volumetric expression. A sense of lightness is contrasted by the robust strength of concrete, a material which is highly valued by the author of the work. It also contributes to the quality of sound reflection, as recognized by choral specialists.

Esta obra que tuvo que adaptarse a una cimentación ya existente y preparada para otro tipo de construcción, recoge la inquietud de trasladar el lenguaje local a un edificio de playa.

Los elementos que se han utilizado son los propios del lugar, como la naia, la porchá, la pérgola, etc..., todos ellos preparados para proteger de los rayos del sol a las viviendas.

A pesar de su altura y esbeltez, el edificio mantiene una proporción ajustada poniendo de manifiesto la constante búsqueda de una arquitectura en armonía con el entorno en el que se encuentra.

edificioindalo

Playa de San Juan (Alicante), Spain

This project had to be adapted to an existing groundwork, which had been intended for a different type of structure altogether, and picks up on the restlessness involved in transferring a local idiom to a beach construction.

The elements used are typical of the area: the *naia, porchá* and pergola, among others, were all arranged so as to shield the dwellings from the rays of the sun.

In spite of its height and narrowness, the building maintains a sense of balanced proportion, making manifest the relentless search for architecture in harmony with its surroundings.

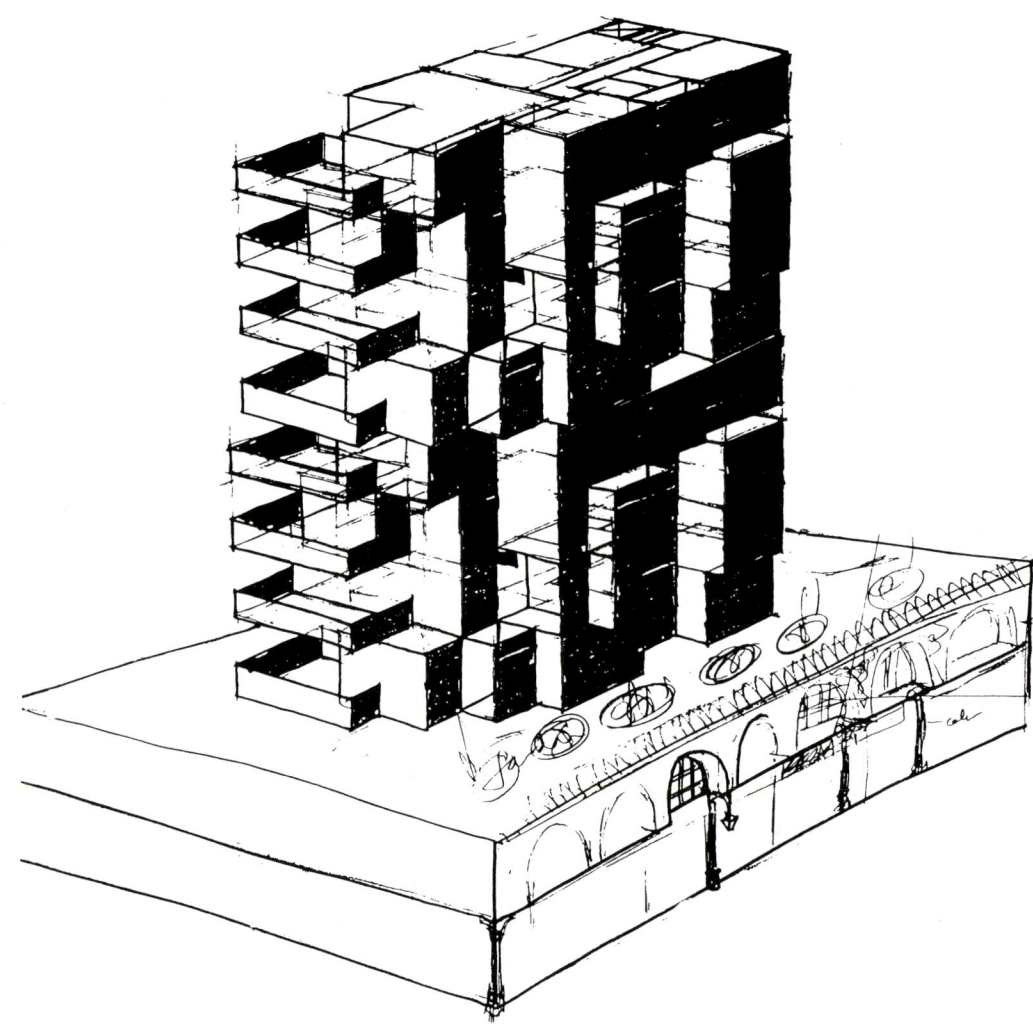

Boceto de formas / Sketch of shapes

El edificio aislado goza de una fuerza expresiva más escultórica casi que arquitectónica. En este caso, se ha prestado especial atención a la composición volumétrica, si bien dentro de estos bloques definidos se han incrustado texturas locales que muestran la expresión formal deseada.

The isolated building enjoys an expressive strength which is almost more sculptural than architectural. In this case, special attention was given to the volumetric composition, while local textures, which display the desired formal expression, were embedded into these defined blocks.

concepto / concept

Fachada sur / South facade

Fachada sur / South facade

Fachada norte de acceso / North access facade

Detalle de remate de cubierta / Detail of roof finishing

Proyecto inicial fachada sur / Original project, south facade

Proyecto inicial fachada oeste / Original project, west facade

Los paños de fachada mantenienen una armoniosa relación con las estancias interiores.

The outer surfaces of the façade are harmoniously related to the rooms of the interior.

Fachada oeste / West facade

Fachada sur / South facade

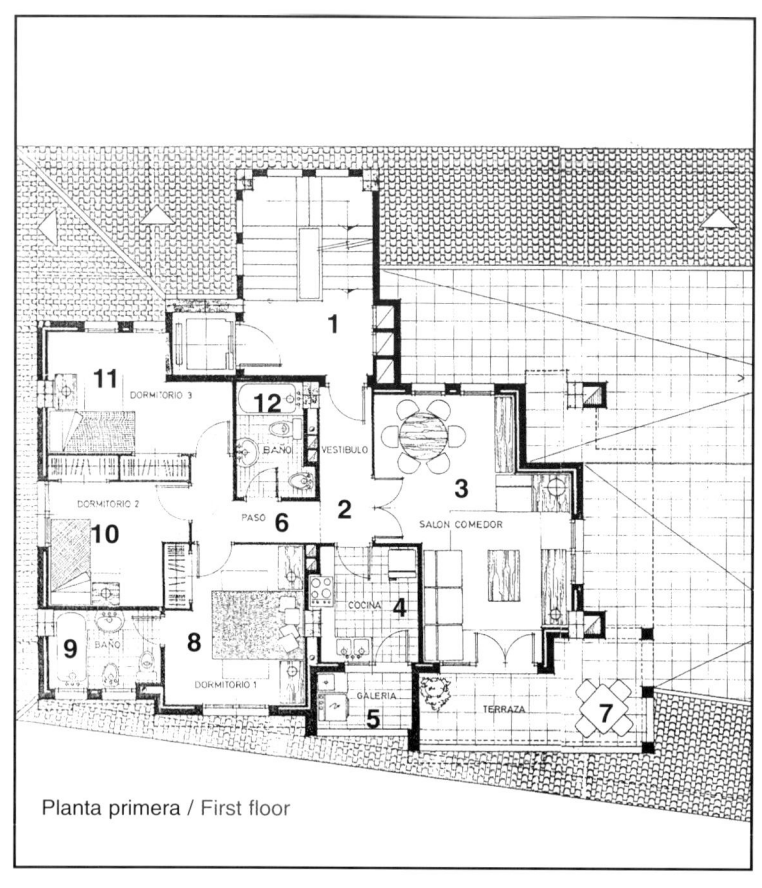

Planta primera / First floor

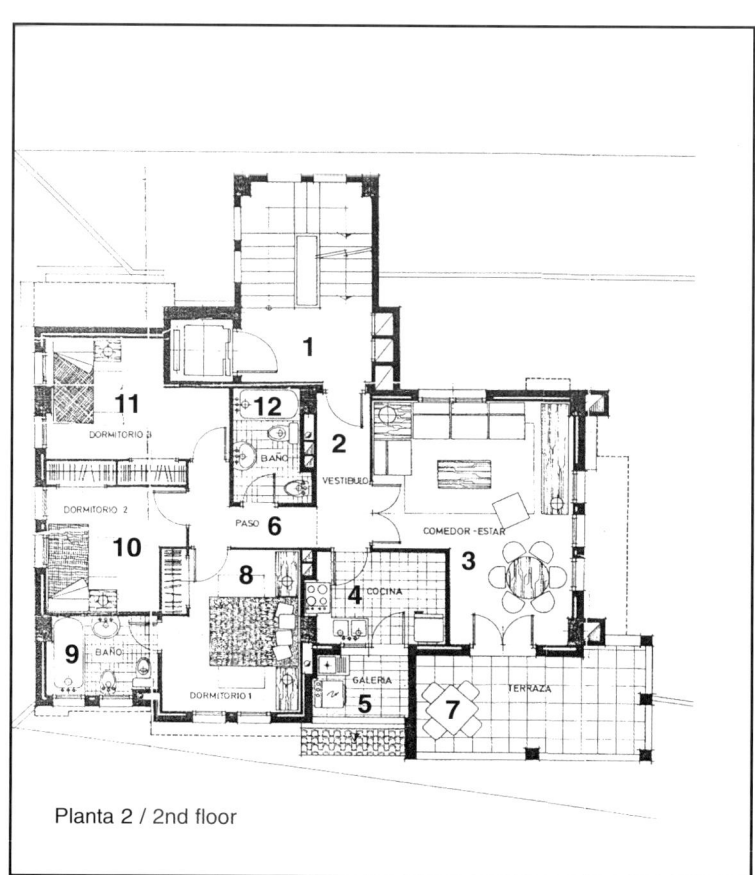

Planta 2 / 2nd floor

1· Escalera y Ascensor / Stairs and elevator **2·** Vestíbulo / Entrance hall **3·** Salón / Living room **4·** Cocina / Kitchen **5·** Galería / Gallery
6· Pasos / Corridors **7·** Terraza / Terrace **8·** Habitación 1 / Bedroom 1 **9·** Baño 1/ Bathroom 1 **10·** Dormitorio 2 / Bedroom 2
11· Dormitorio 3 / Bedroom 3 **12·** Baño 2 / Bathroom 2

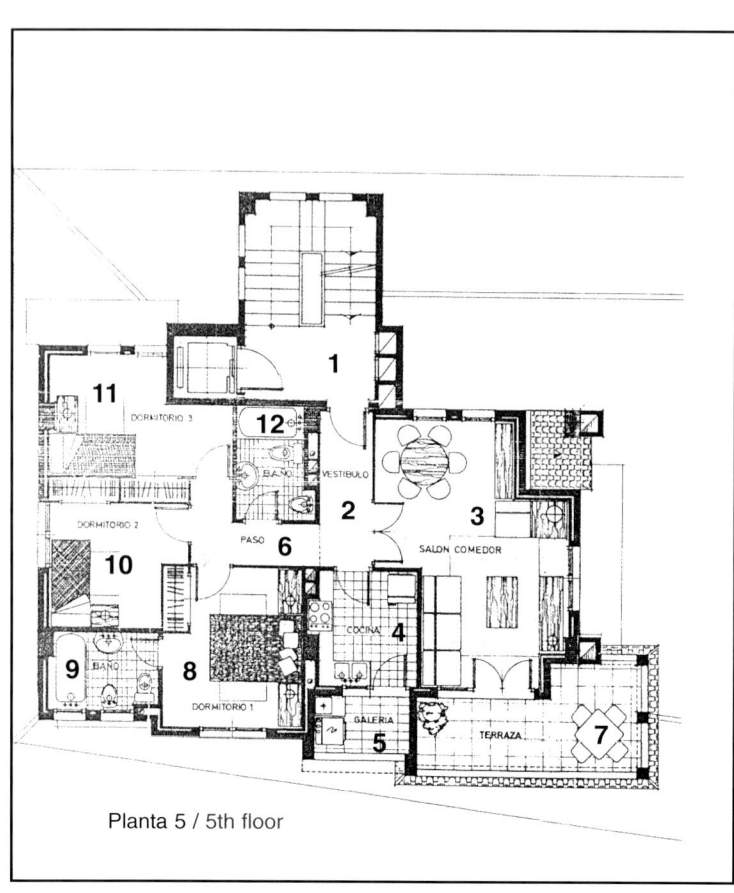

Planta 5 / 5th floor

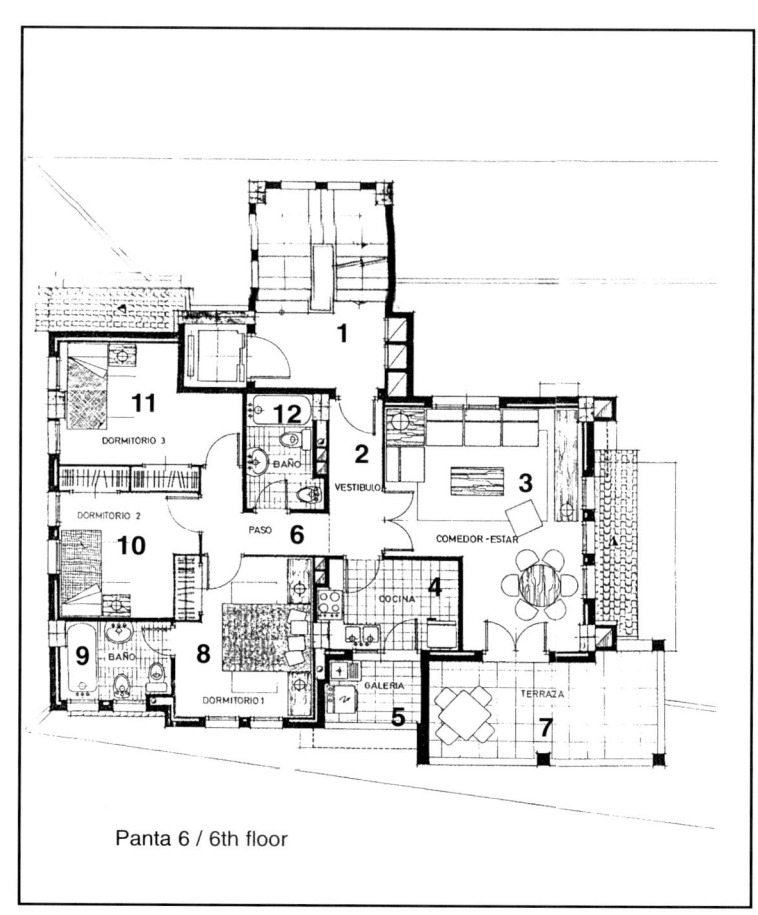

Panta 6 / 6th floor

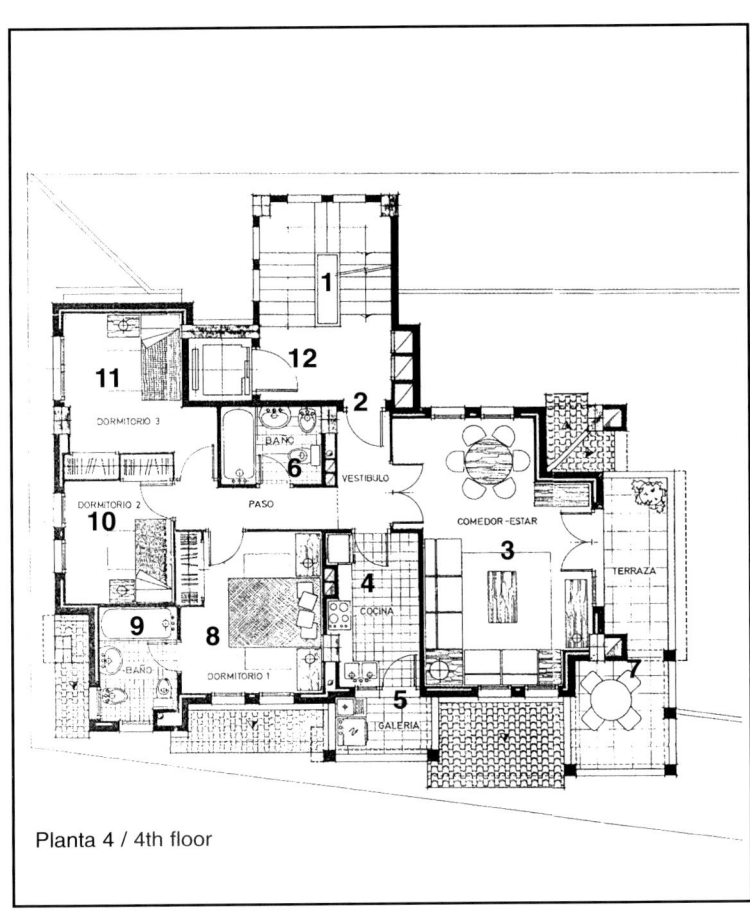

Planta 4 / 4th floor

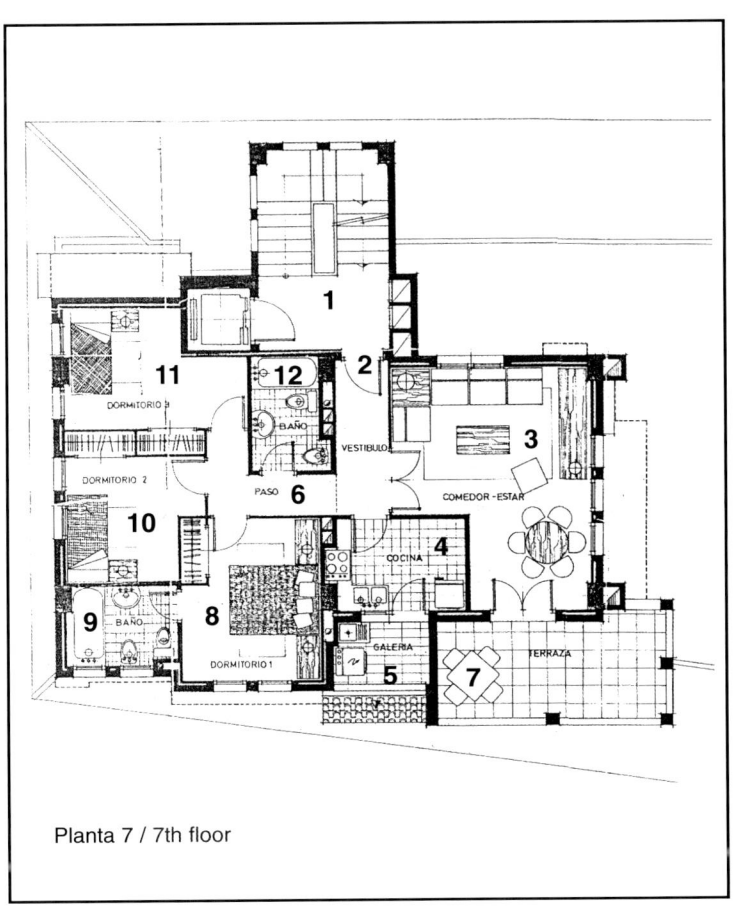

Planta 7 / 7th floor

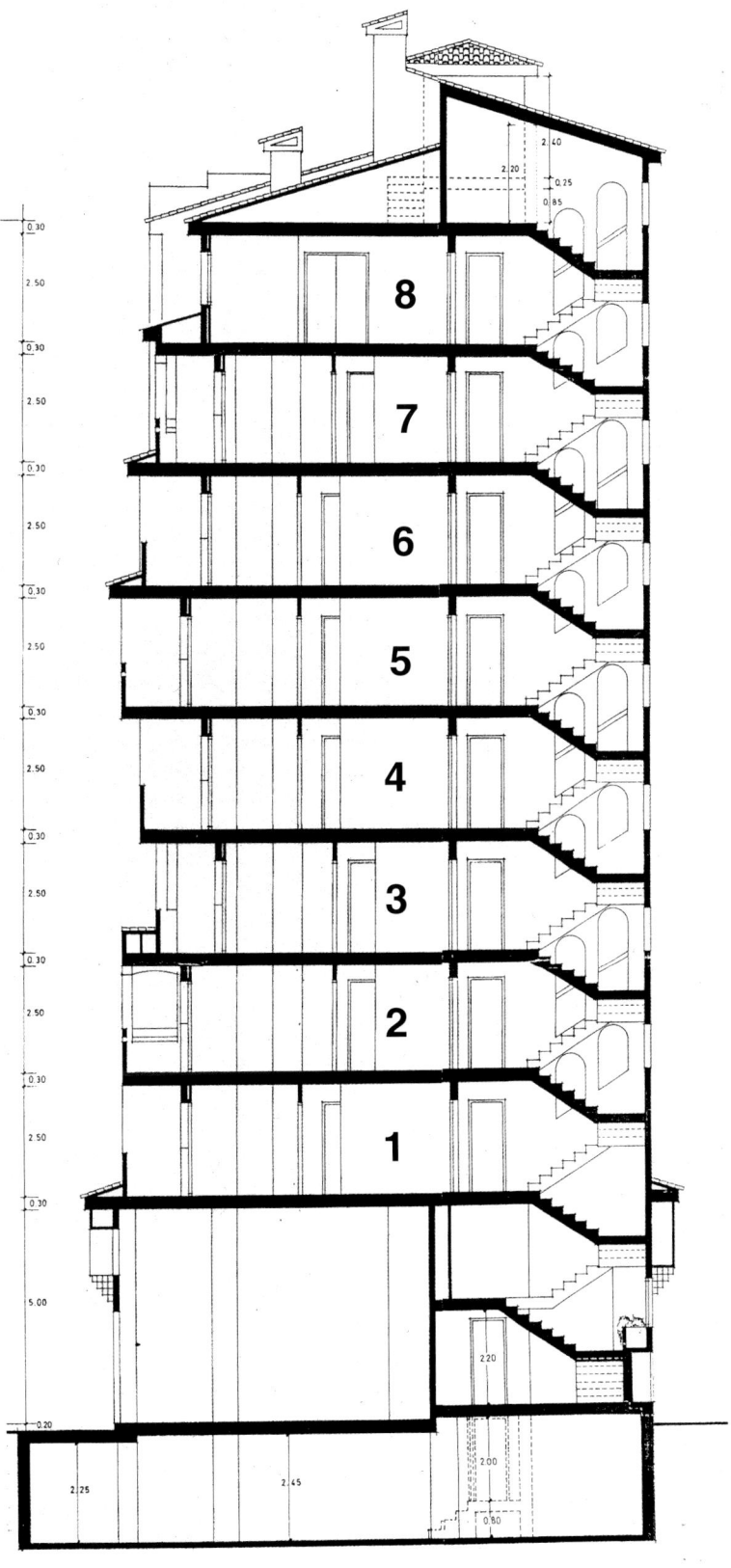

Sección transversal / Cross section

detalles / details

La composición del edificio partió de la observación de distintos bloques de piedra almacenados y se resolvió con una estructura de hormigón, que sustenta los elementos arquitectónicos principales del edificio, armonizando de este modo la sensación de solidez con la ligereza en todo el conjunto de volúmenes. Sus ventanas redondas obedecen a un planteamiento de diseño que pretende no restar firmeza a los ángulos del conjunto. Este edificio de líneas modernas y avanzadas en su tiempo, está destinado a albergar tanto oficinas como naves industriales en las que se tratan y almacenan los bloques de mármol. El concepto de "bloque" rige así todo el proyecto.

valenmar

Massalfassar (Valencia), Spain

The design of this building was based on the composition of stacks of stored marble, and was resolved with a concrete structure, which bears the weight of the building's primary architectonic elements. Thus, a sense of solidity is harmonized with an impression of lightness in the overall grouping of volumes. The rounded windows obey a design concept centered on retaining all of the strength of the structure's angles. With modern and ahead-of-their-time lines, this building is designed to house offices as well as factory facilities where blocks of marble are treated and stored. Thus, the "block" concept governs the entire project.

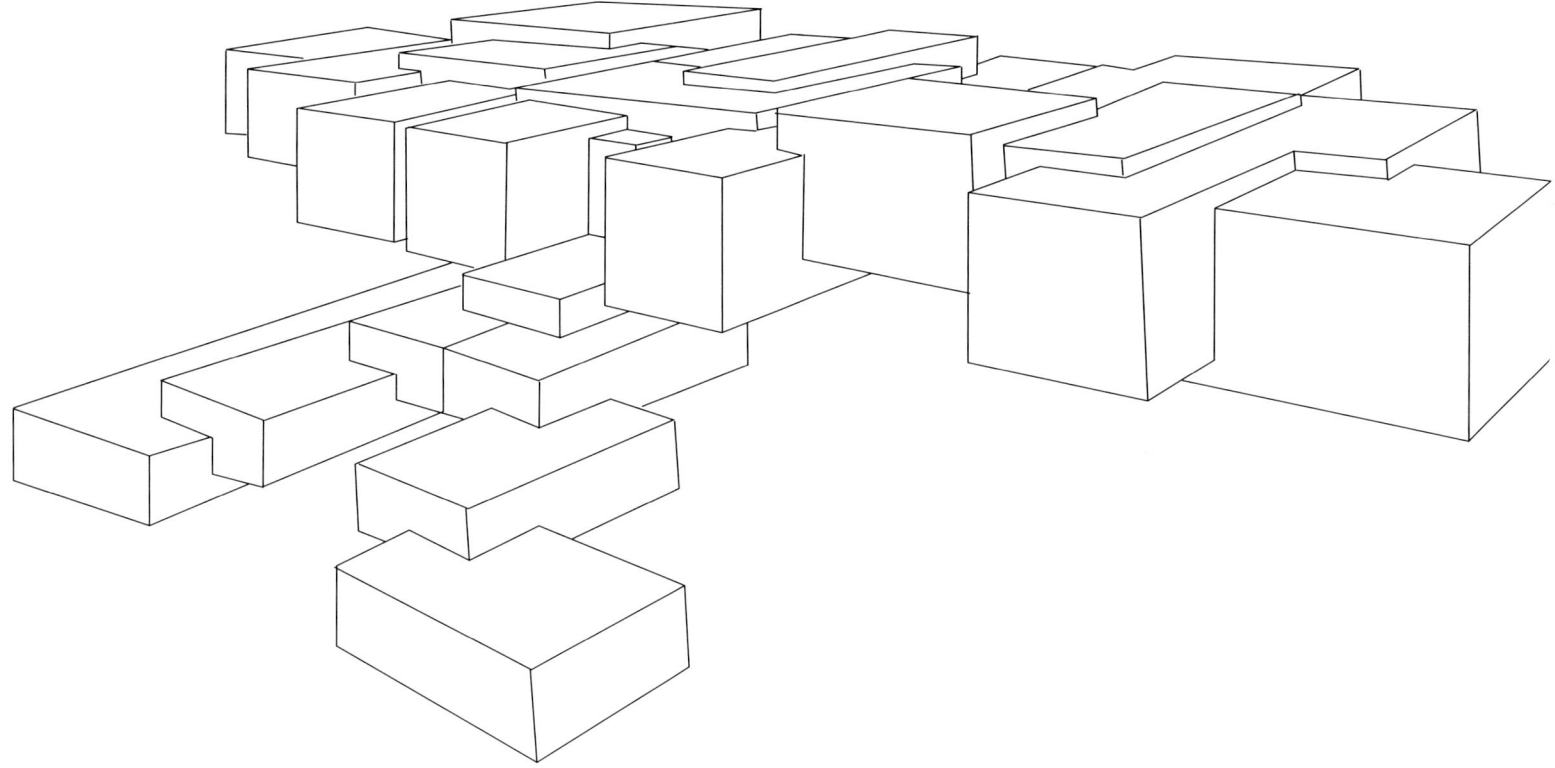

Esquema compositivo / Composition scheme

Del croquis claro y contundente de la idea original, se fueron desarrollando varias propuestas, siempre girando alrededor de un concepto claro: bloques macizos apilados que dejan espacios libres, tomando la apariencia de una cantera.

Various proposals were developed on the basis of a solid original design plan, always revolving around the concept of blocks set against open spaces, taking on the appearance of a quarry.

concepto / concept

Las dobles columnas van reduciendo las distancias de los intercolumnios a medida que se alejan del centro para reforzar la perspectiva del edificio.

The distance between each set of columns is gradually diminished the farther from the center they are placed in order to strengthen the perspective of the building.

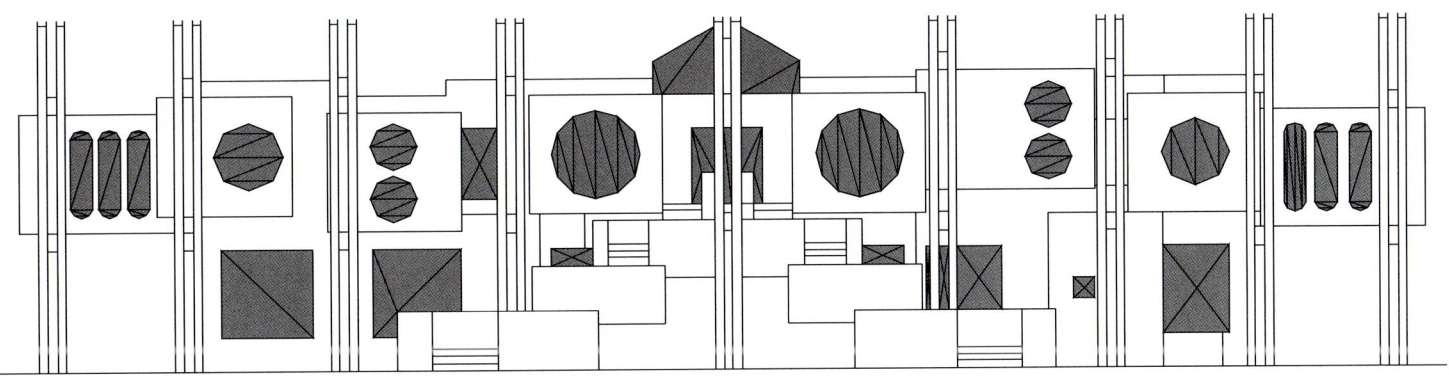

Fachada principal / Main facade

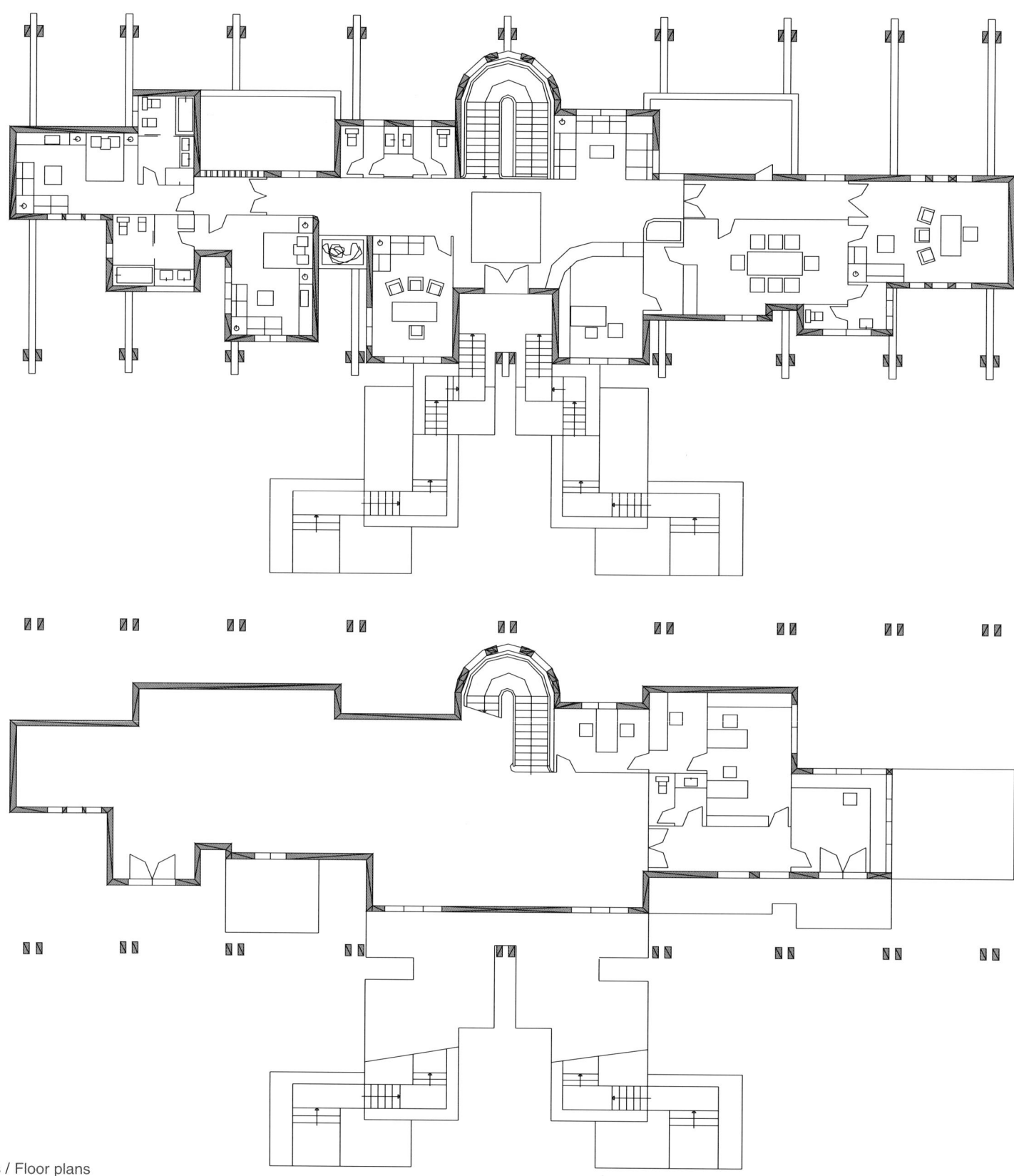

Plantas / Floor plans

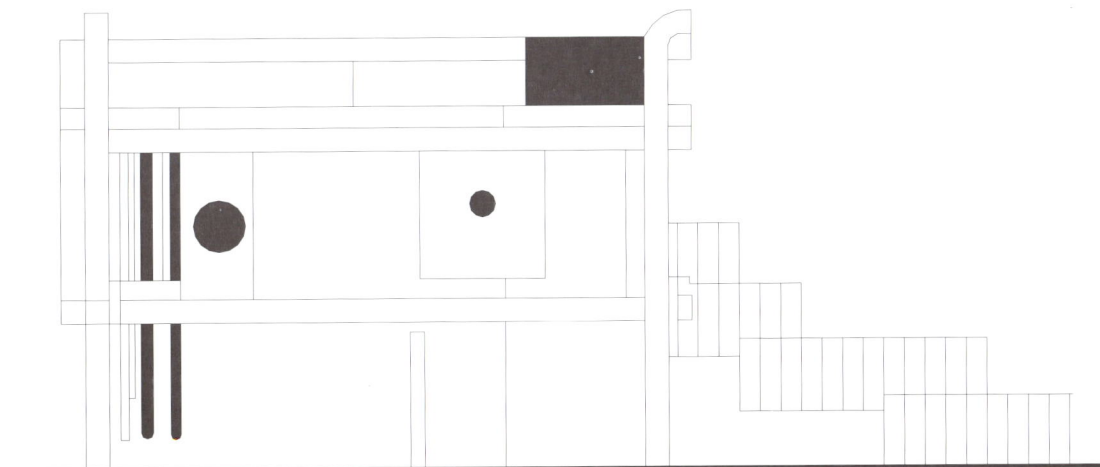

Fachada lateral izquierda / Left lateral facade

Los volúmenes compositivos reflejan en planta espacios limpios para las distintas dependencias interiores. Las zonas verdes alrededor del edificio contribuyen a crear un espacio natural de trabajo.

The ground plan shows a composition based on volumes which provide clean, open spaces for the various interior rooms. The placement of garden areas around the building contributes to creating a pleasant sensation of freedom.

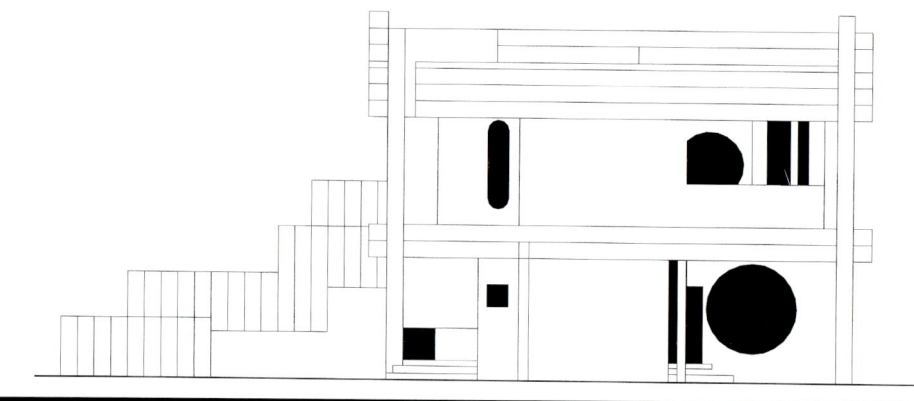

Fachada lateral derecha / Right lateral facade

Escalera de acceso / Entrance stair

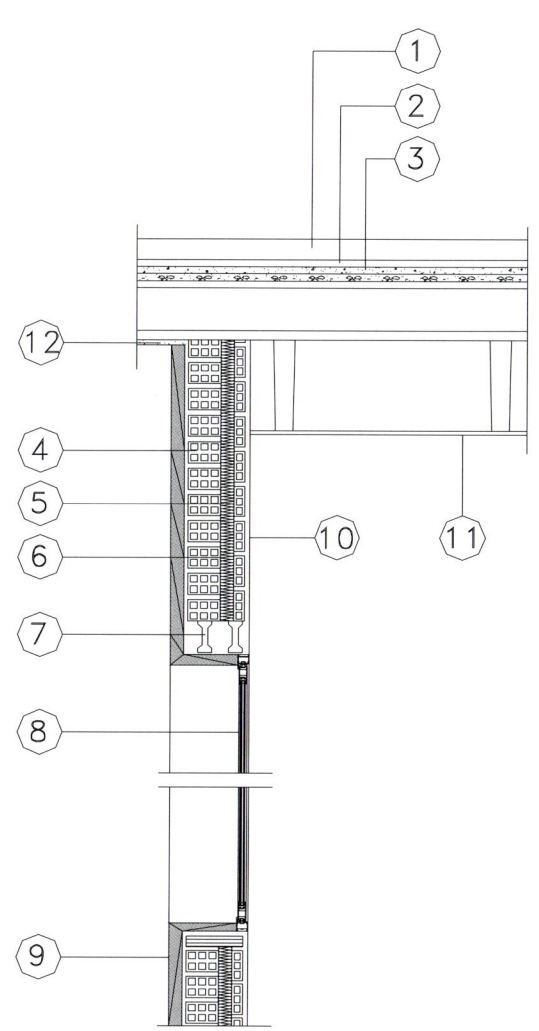

1. Rodapié / Baseboard

2. Pavimento / Flooring

3. Mortero de agarre y nivelación / Bond coat and levelling mortar

4. Ladrillo / Brick

5. Aislamiento / Insulation

6. Ladrillo / Brick

7. Dintel / Breast beam

8. Perfil de aluminio / Aluminum profile

9. Aplacado de mármol / Marble veneer

10. Enlucido de yeso y pintura / Plaster and paint pargework

11. Aplacado de escayola / Scagliola veneer

12. Enfoscado y estucado / Rendering coat and stucco

detalles / details

En 1997 se inició el diseño del edificio Negurigane de 40 plantas con una altura de 150 m., hasta el final de la antena 160 m., convirtiéndose en el edificio residencial, realizado en hormigón, más alto de España. Su base mide 27 m. x 22 m.

En la planta 26, desde la cual ya se puede contemplar el Mar Mediterráneo, se ubicó una piscina climatizada con terrazas solarium. A partir de esta planta, la torre se estrecha para reforzar su perspectiva que se remata en una bóveda dorada, que el autor denomina txapela.

negurigane

Benidorm, Spain

In 1997, the Neguri Gane project for a 40-story tower was designed, which, with a height of 150 meters (160 to the tip of the antenna), became the highest residential building in Spain. Its measurements at the base are 27x22 meters.

The heated swimming pool and sunbathing terraces are located on the 26th floor, from where the Mediterranean Sea can be contemplated. Above this floor, the building becomes narrower, further enhancing its perspective, ending in a gold metal canopy, which the architect has named "txapela".

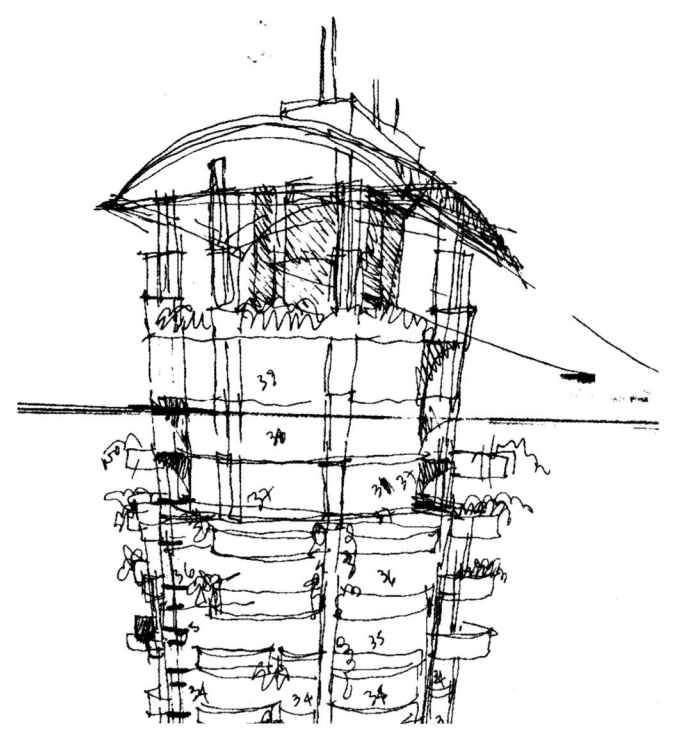

Se había creado un nuevo hito para la ciudad, funcional y cuidado en su composición de conjunto, de clara tendencia vertical reforzada por bordes vistos de los muros pantalla de la estructura que recogen los círculos y semicírculos de las terrazas.

The city has gained a new landmark - one which is functional, with a meticulously designed composition and a clear vertical tendency strengthened by the exposed edges of the structure's screen walls, which enclose the circles and semi-circles of the terraces.

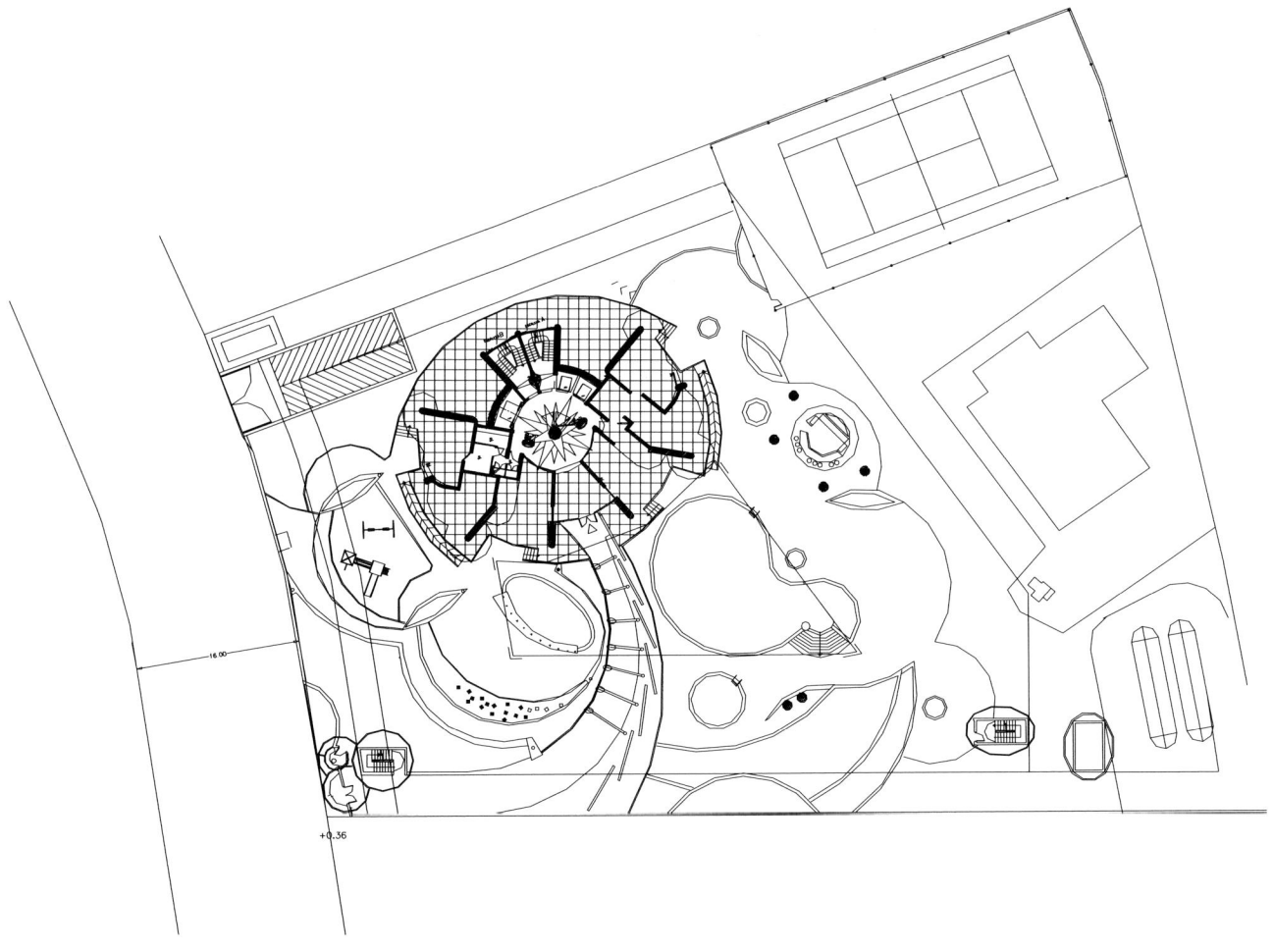

Emplazamiento / Plot

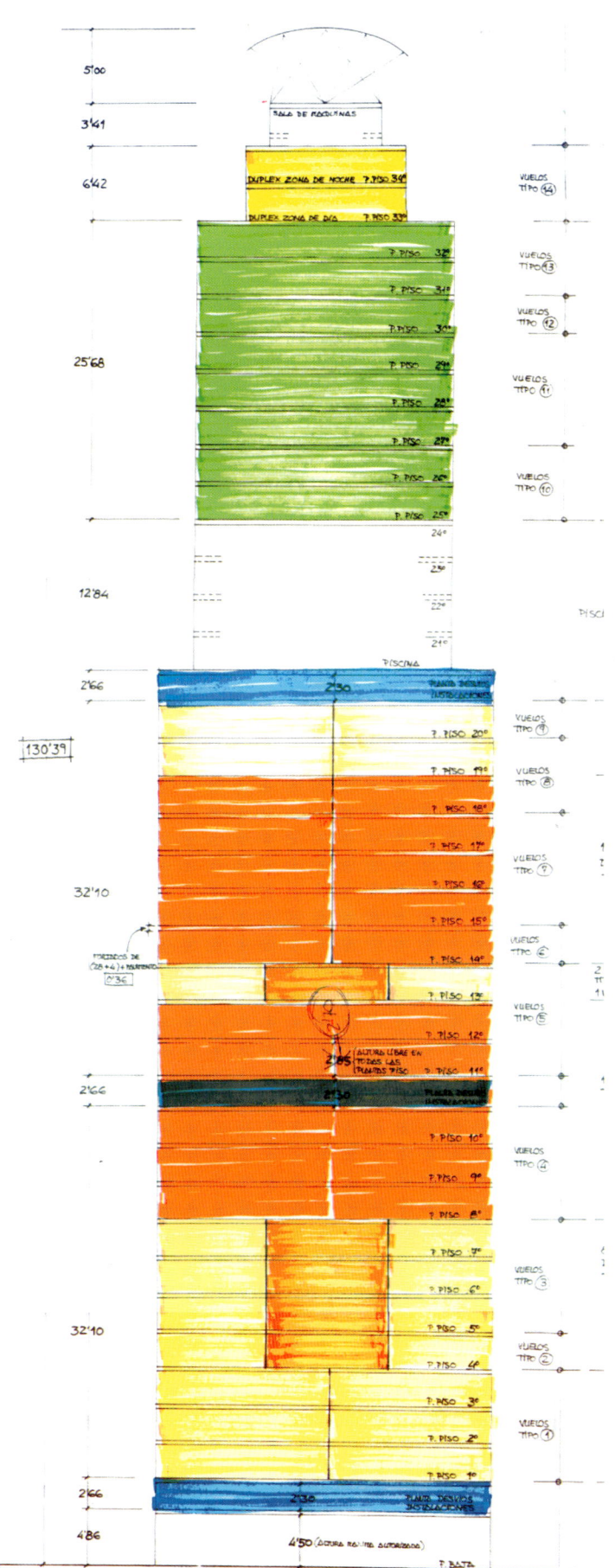

Boceto por plantas y usos / Sketch of floors and functions

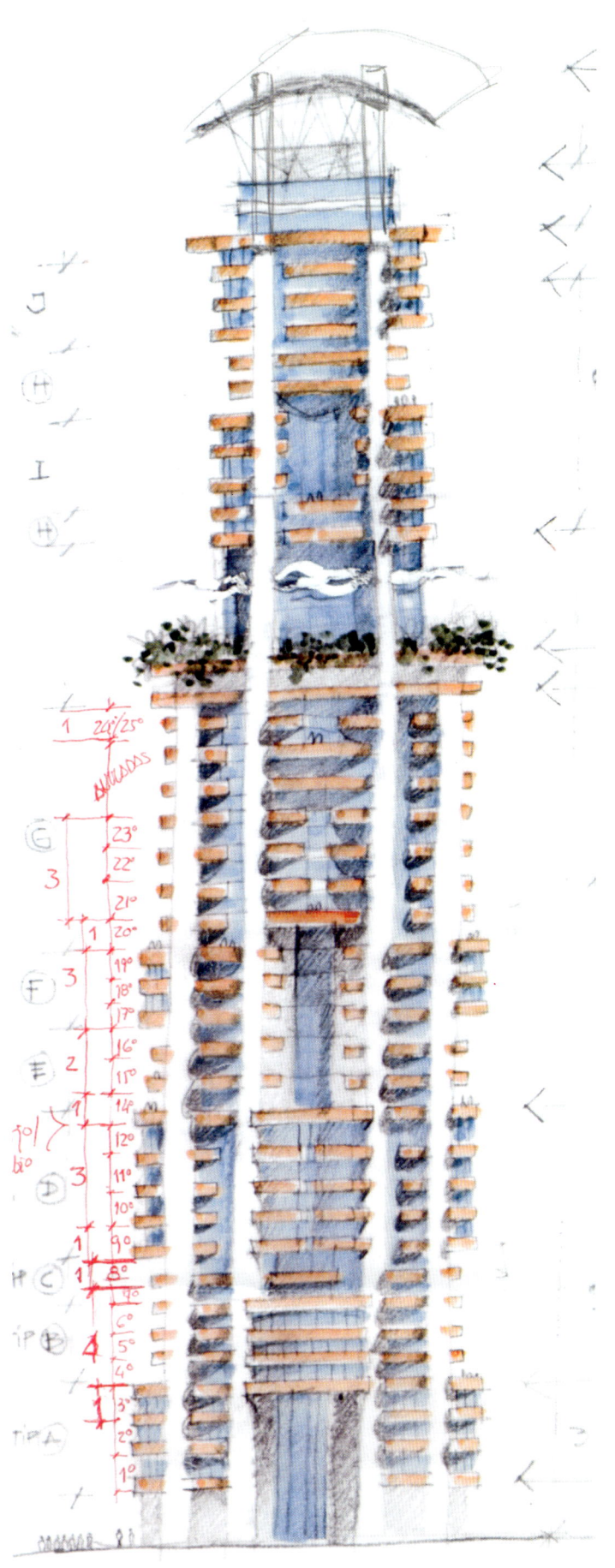

Boceto inicial / Original sketch

Dentro de ser un edificio de líneas simples y volúmenes claros de hormigón visto, se optó por que estas formas reflejasen, simbólicamente en altura, las olas del Mar Mediterráneo.

While this building has simple lines and clear volumes of exposed concrete, the forms were designed to symbolically reflect the waves of the Mediterranean Sea.

Emplazamiento / Plot

Los planos de distribución de las distintas viviendas del edificio adquieren una belleza gráfica casi símbolica a consecuencia de la transformación que va tomando el edificio a medida que va tomando altura.

The floor plans representing the distribution of the various dwelling within the building acquire an almost symbolic graphic beauty - a result of the transformation which takes place from the ground floor up to the highest levels.

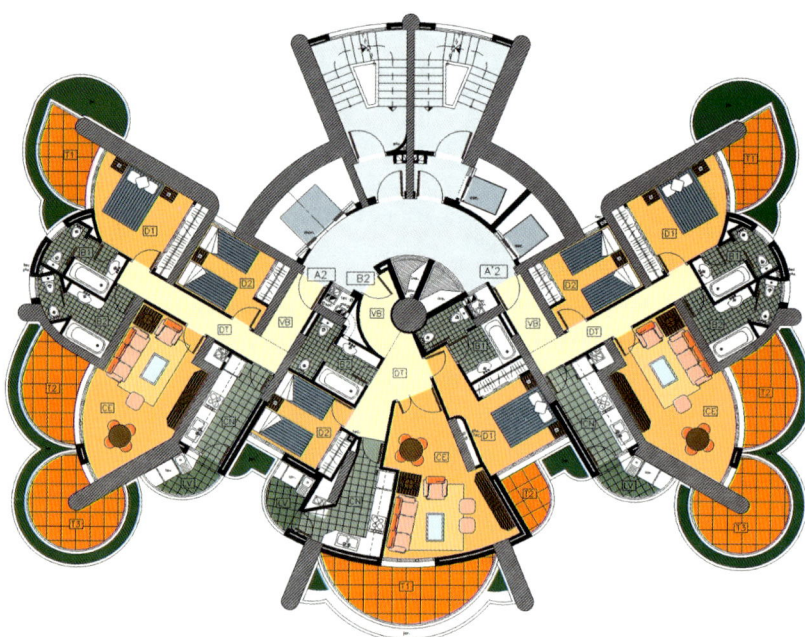

Plantas tipo (entrada) / Standard floor plan (entrance)

Plantas tipo (baja) / Standard floor plan (lower floors)

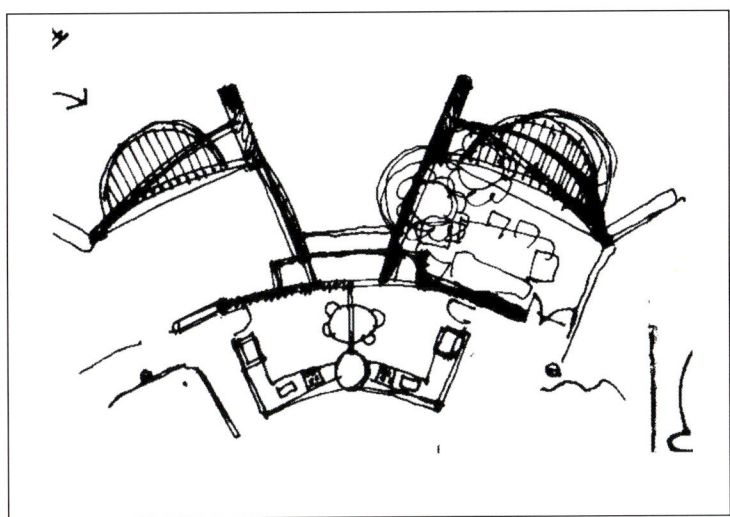

Maqueta / Model

Plantas tipo (media) / Standard floor plan (mid-level)

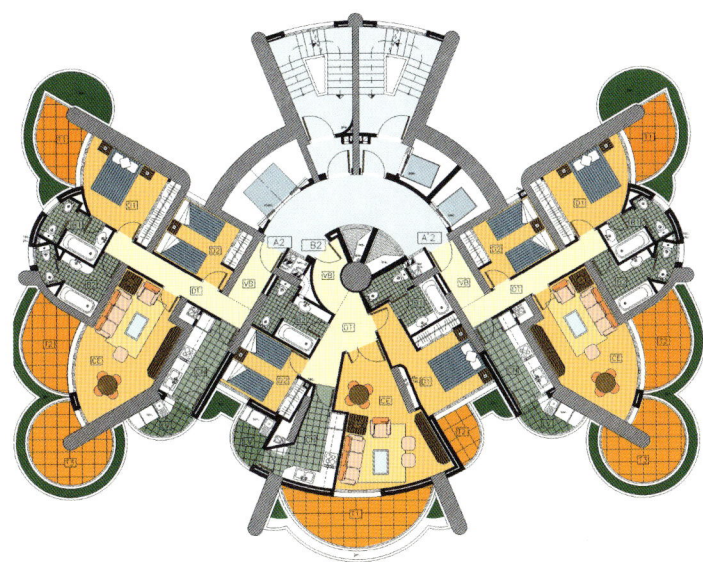

Plantas tipo (alta) / Standard floor plan (top floors)

El remate de coronación es una bóveda de hormigón armado en color dorado que refleja distintos destellos solares.

The crowning touch is a gold canopy of reinforced concrete which reflects the glints of sunlight.

Perspectiva / Perspective

Planta 26 con la piscina cubierta
26th floor with its indoor pool

Sección ideal / Section

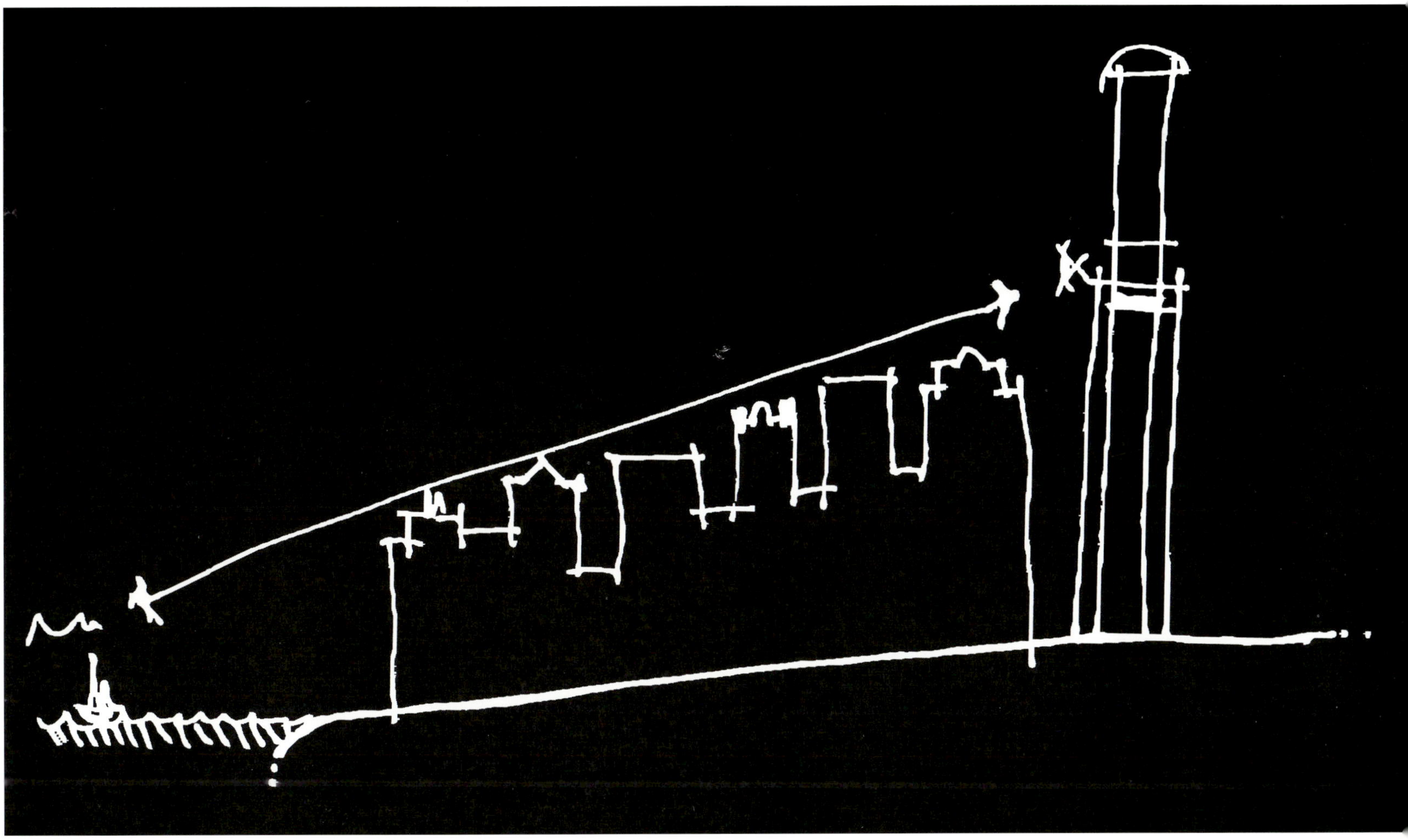

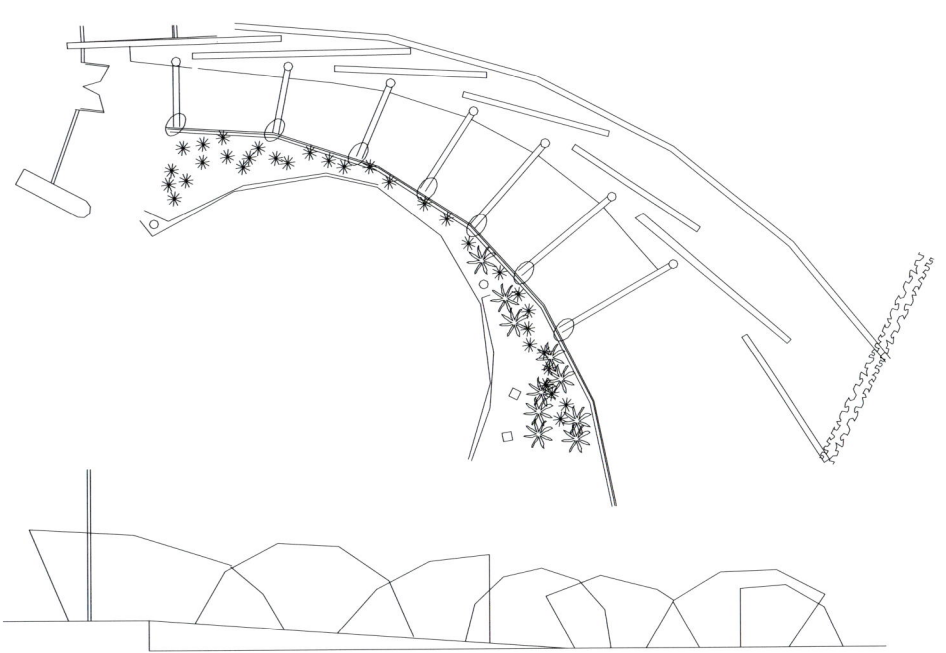

Remate / Crowning touch

detalles / details

Localizado en una zona de ensanche urbano, este edificio, también denominado Balcón del Bulevar, sigue la tendencia del autor a ensayar nuevos conceptos basados en ideas que surgen de la contemplación de fenómenos cotidianos.

El edificio refleja el ciclo solar que se puede contemplar en su emplazamiento, desde el amanecer, color gris azulado, hasta el ocaso, color rojo intenso, incluso las barandillas de los balcones indican las distintas posiciones del sol en el cielo.

Un Bulevar con paseo central dotado de zonas de descanso, palmeras y parque infantil complementan perfectamente bien las necesidades comunitarias.

balcón del sol

Alicante, Spain

Located in the new city suburbs, this building, also called the Balcón del Bulevar, is in keeping with the architect's tendency of trying out new concepts based on ideas inspired by the contemplation of daily phenomena.

The building evokes the solar cycle, which can be enjoyed from the site's location: from the blue-gray of the dawn to the deep red of the sunset, even the railings along the balconies seem to indicate the different positions of the sun in the sky.

A boulevard with a central walkway equipped with areas for resting, palm trees and a children's playground perfectly complement the community's needs.

Maqueta / Model

El diseño de "El Balcón del Sol", con sus formas orgánicas y las diversas profundidades que presenta tanto en la fachada como en la cubierta, convierte a este edificio en una clara referencia de la renovación arquitectónica del ensanche de Alicante.

With its organic shapes and varying dimensions of both facade and roof, the "Balcón del Sol" is a clear reference for architectural renovation in Alicante's new suburbs.

concepto / concept

Boceto inicial / Initial sketch

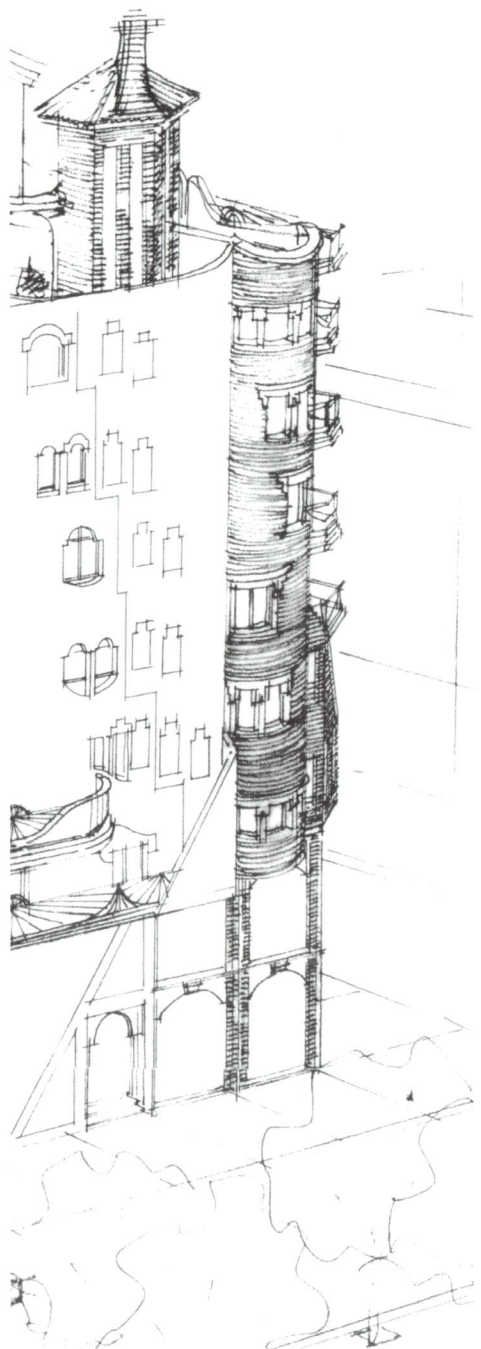

Al combinar las superficies lisas con las curvas, el edificio muestra su propia personalidad y carácter. Aparece como un mosaico de colores abierto al diálogo con el resto de la ciudad.

The building's personality is revealed through the combination of straight surfaces and curved lines. To the eyes of the passerby, it is a colorful mosaic in open dialogue with the rest of the city.

detalles / details

El uso de diferentes colores en las fachadas aporta vitalidad y dinamismo a esta emergente zona del ensanche.

The use of different colors on the facades brings vitality and dynamism to this up-and-coming area of Alicante's new suburbs.

En este proyecto, el objetivo era construir un edificio que albergara 108 viviendas y locales comerciales. El edificio ocupa por completo una manzana del entramado del ensanche de la ciudad de A Coruña. A pesar de su envergadura, el proyecto, mantiene un patio de manzana ajardinado de 610 m² que oxigena y fortalece la sana convivencia de sus habitantes.

Utilizando un diseño moderno, pero sin apartarse de la arquitectura propia del lugar, el edificio está dotado de extensas galerías que inundan de luz natural todo su interior. La disposición de estas galerías a lo largo del recorrido de las fachadas proporciona una secuencia rítmica que da vida al edificio. En el patio de manzana, las galerías se ubican en las esquinas, permitiendo vistas al jardín y otorgando de esta manera una sensación de contacto directo con la naturaleza. La cubierta también tiene un ritmo, ya que los pisos del sobreático exponen sus ventanas por encima del resto del conjunto, enmarcadas dentro de un elemento decorativo geométrico.

lugrisvadillo

Santa Pola, Spain

This project called for a building which would have space for 108 dwellings and shops. The building occupies an entire block in the newly urbanized area of La Coruña and, in spite of its magnitude, includes a 610m² inner garden courtyard, oxygenating the air and enhancing healthy cohabitation.

With a modern design, which nonetheless does not stray from local architecture, this building has extensive galleries which inundate the interior with natural light. These galleries are placed along the length of the facades in a rhythmic sequence, giving life to the building. In the inner courtyard, the galleries have been placed at the corners, providing views of the garden and, hence, a feeling of being in direct contact with nature.

The roof also displays a certain rhythm, with the windows of the penthouse flats rising above the rest of the complex, framed within a decorative geometric element.

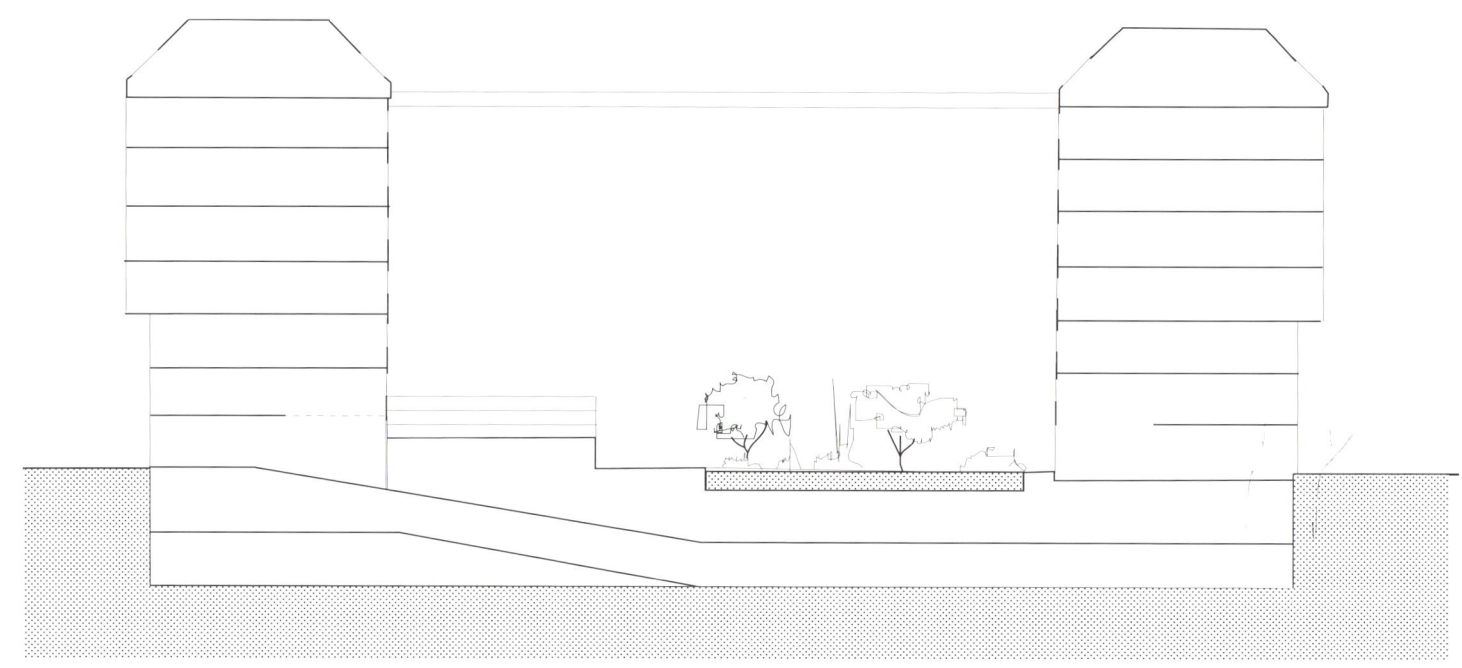

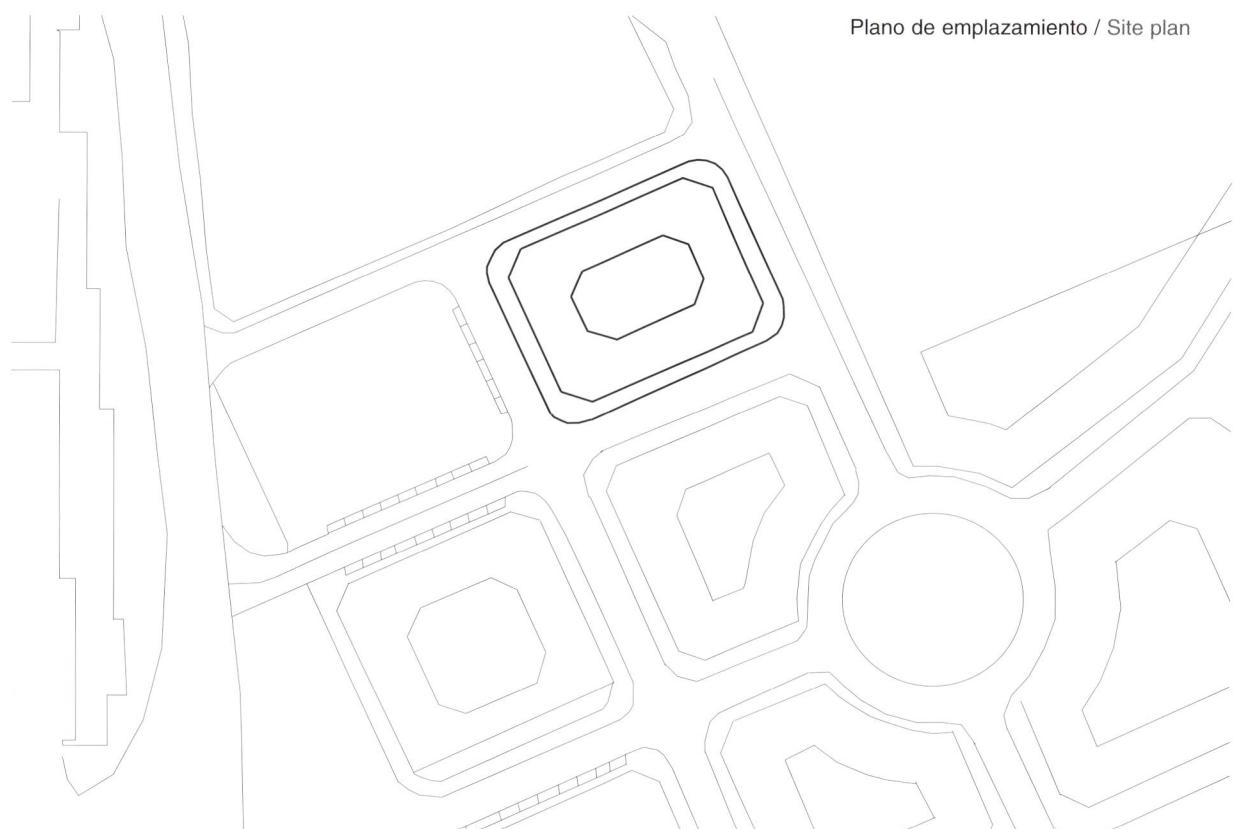

La composición del edificio respeta la tradición de la arquitectura del lugar a pesar de introducir elementos de un diseño más moderno y adaptado a las necesidades del momento.

The composition of the building respects the local architectural tradition, while introducing more modern design elements which are adapted to the needs of the moment.

La disposición de galerías y la creación de un jardín en el interior de la manzana responden a la idea de maximizar la penetración de luz natural. Este concepto permite al mismo tiempo un significativo ahorro energético.

The galleries and inner garden were included in the design in order to maximize the natural light. This concept also means a significant savings in energy.

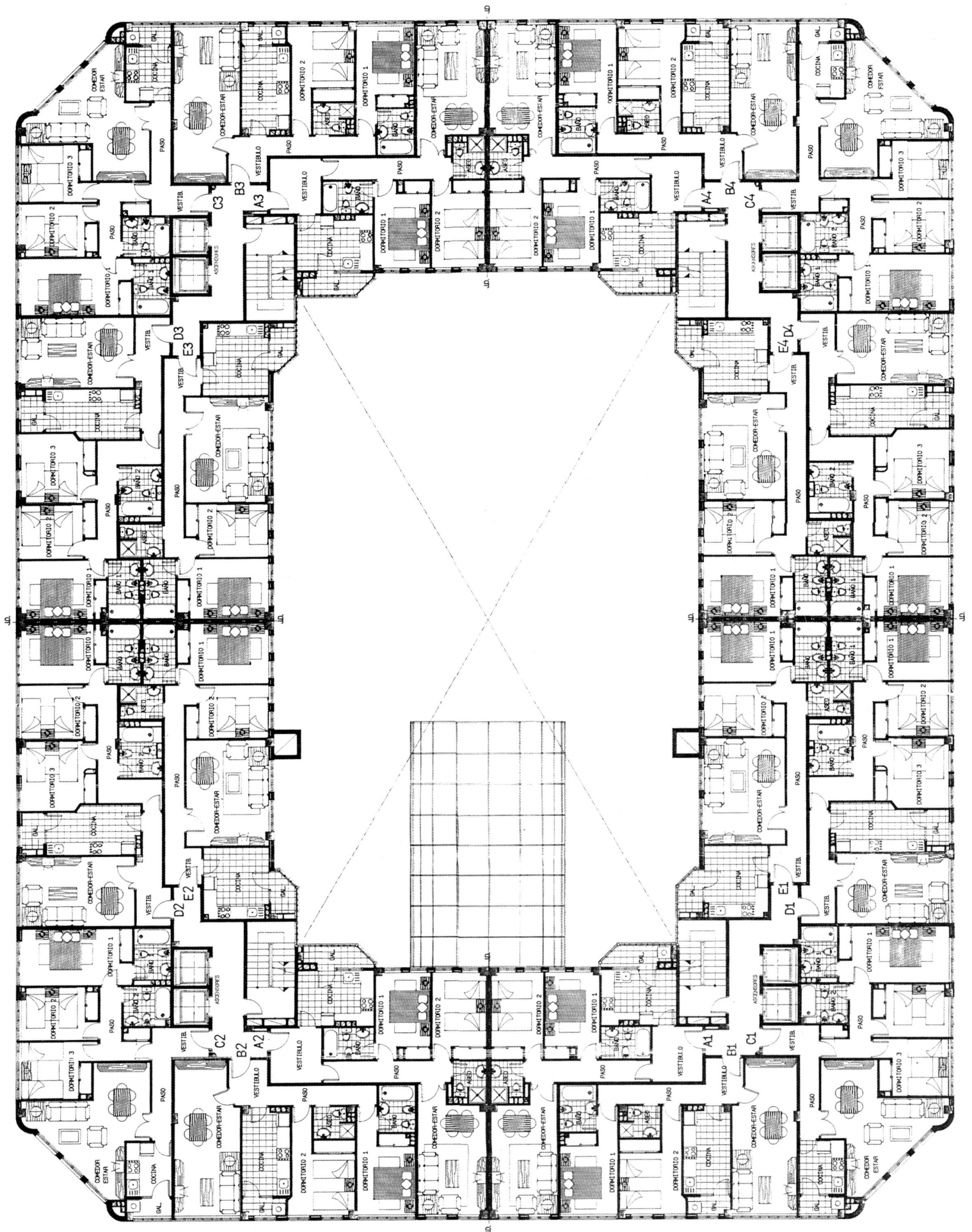

Planta baja, locales / Ground floor, shops

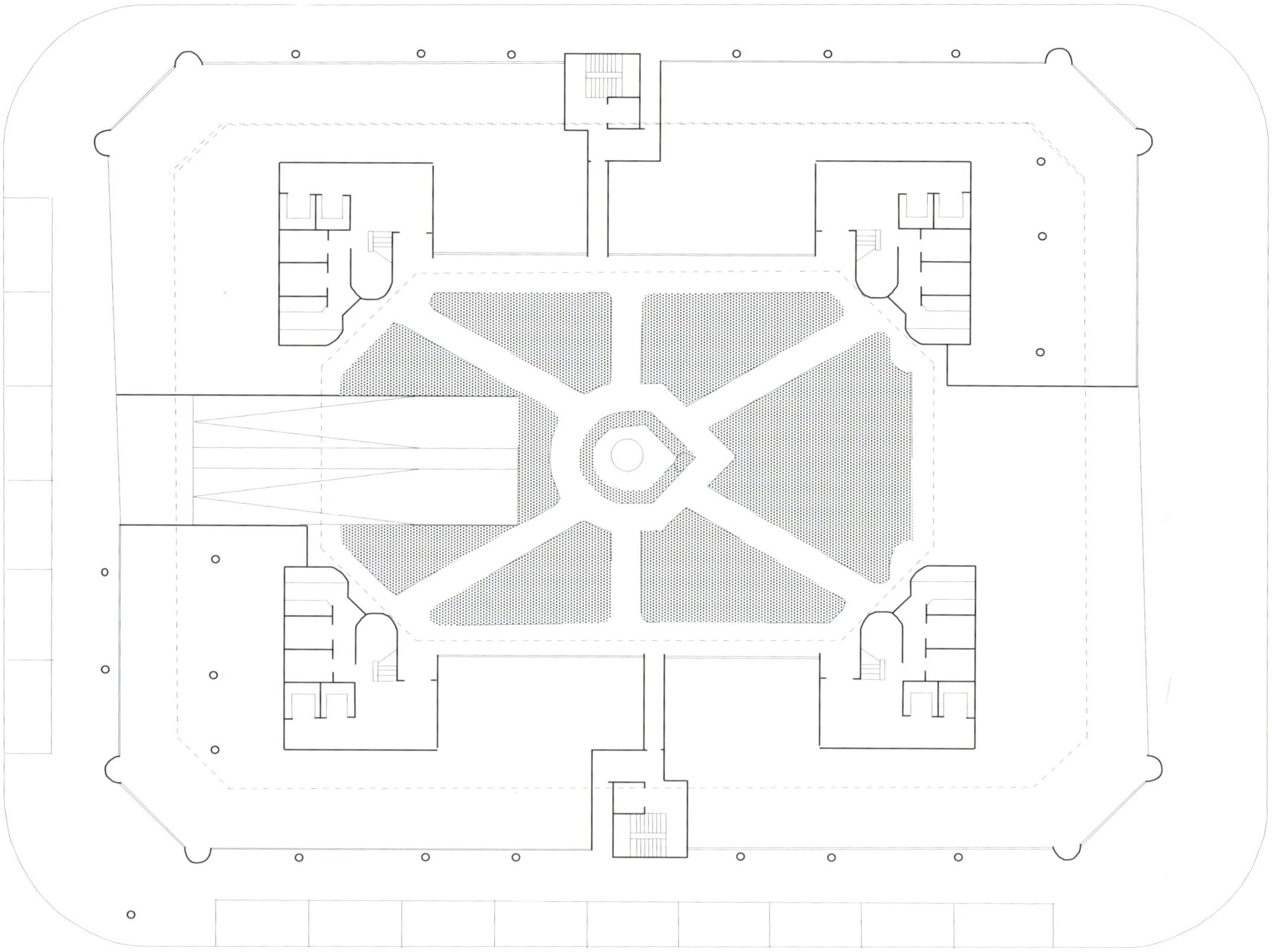

Planta primera/ First floor

PISCINA

VESTUARIO SEÑORAS

VESTUARIO CABALLEROS

Siguiendo la premisa que avala el trabajo de Pérez-Guerras, las viviendas mantienen una cordial relación con la naturaleza. Así, sus habitantes pueden desarrollar sus actividades cotidianas alejadas del estrés de la ciudad.

Following the premise which is the guarantee of Pérez Guerras' work, the dwellings maintain a cordial relationship with nature. Thus, the inhabitants can go about their daily activities far from the stress of the city.

Sección interior / Internal section

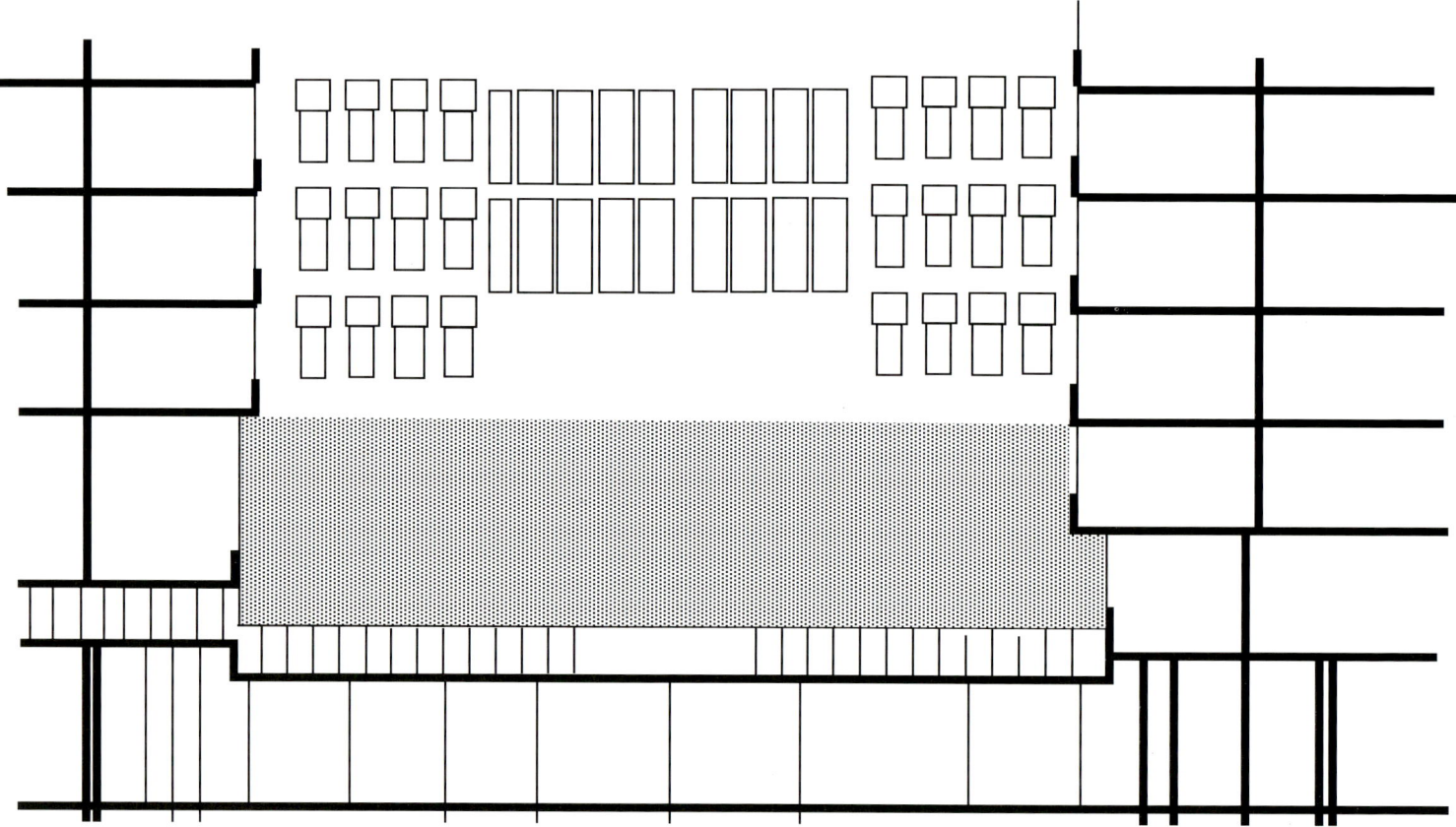

detalles / details

Este conjunto residencial, ubicado dentro de la parte antigua de la ciudad de Polop, expone como objetivo identificarse con el entorno sin romper la estética urbana.

El terreno presenta unos fuertes desniveles que sirvieron para lograr perspectivas no agotables en profundidad al implantar los edificios, permitiendo que en la zona central apareciese el jardín comunitario con piscina y áreas de descanso, resolviendo perfectamente las cuestiones técnicas que un emplazamiento de estas características requiere.

Una vegetación autóctona enlazada con una construcción de estilo local, logra dar vida a las calles y plazas interiores ofreciendo esa sensación de lo no cotidiano.

Sabedores que los conjuntos residenciales deben ser espacios sanos en los que sean potenciadas las experiencias y posibilidades, el autor planteó el proyecto buscando el bienestar físico, psíquico y social para que sus habitantes sientan este espacio como el lugar ideal para vivir.

tossalet deles fonts

Polop, Spain

This residential complex, located in the old quarter of Polop, was designed to be a harmonious element within its surroundings, while not diverging from the urban aesthetic.

The plot's pronounced level changes provided an endless source of views when deciding on the placement of the buildings. A community garden area with a swimming pool and benches perfectly resolved the technical issues brought about by a site of such characteristics.

Endemic vegetation, interwoven with a construction patterned after local architecture, adds life to the streets and inner courtyards and inspires an out-of-the-ordinary sensation.

Well aware that residential complexes should be healthy places which enhance the inhabitants' experiences and possibilities, the architect focused on the search for physical, mental and social well-being so that the inhabitants would view this community as the ideal place to live.

Croquis de desarrollo del proyecto /
Sketch of the project's development

concepto / concept

La arquitectura se debe beneficiar de las características climáticas de esta zona del mediterráneo. Por ello, se disponen amplios balcones que proveen de sombra a las estancias en verano y permiten el paso del sol en invierno.

The architecture benefits from the area's Mediterranean weather conditions. Wide balconies provide shade for the homes which are more exposed to the sun, and allow sunlight to enter in the winter months.

La inteligente combinación de texturas conforma un entramado en el que los espacios destinados al uso público aparecen bien surtidos con árboles y fuentes.

The intelligent combination of textures comprises a network in which the public spaces are replete with trees and fountains.

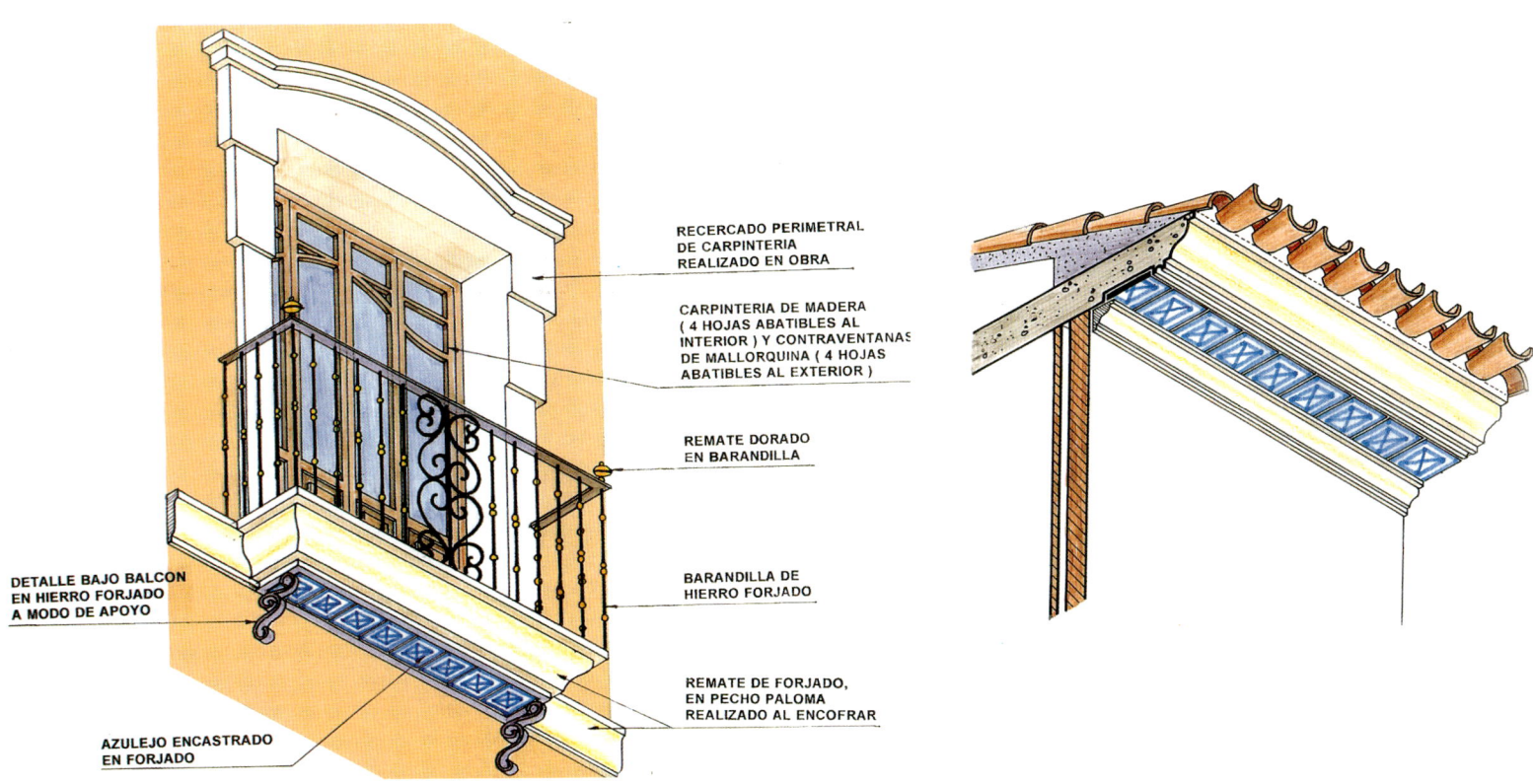

RECERCADO PERIMETRAL
DE CARPINTERIA
REALIZADO EN OBRA

CARPINTERIA DE MADERA
(4 HOJAS ABATIBLES AL
INTERIOR) Y CONTRAVENTANAS
DE MALLORQUINA (4 HOJAS
ABATIBLES AL EXTERIOR)

REMATE DORADO
EN BARANDILLA

DETALLE BAJO BALCON
EN HIERRO FORJADO
A MODO DE APOYO

BARANDILLA DE
HIERRO FORJADO

REMATE DE FORJADO,
EN PECHO PALOMA
REALIZADO AL ENCOFRAR

AZULEJO ENCASTRADO
EN FORJADO

Costa Hispania desarrolla el criterio de diseño de arquitectura local, con edificaciones diversas, calles interiores peatonales y plazas para las relaciones sociales. Un lugar que devuelve el carácter mediterráneo de los pueblos antiguos.

Arquitectura blanca para defenderse del calor del sol, madera en la carpintería exterior con contraventanas interiores para tamizar la luz y teja árabe en sus cubiertas son los elementos de diseño predominantes que se complementan con estancias exteriores de tránsito de la vivienda tales como la naia, la porchá, el riu-rau, la pérgola y un sin fin de pequeños detalles que crean un ambiente relajante.

Los espacios interiores conforman plazas que se descubren facilmente mediante una trama de caminos peatonales de apariencia irregular pero de trazado continuo con abundante vegetación de árboles y plantas olorosas, estanques, fuentes, riachuelos con cascadas que producen un agradable sonido e infinidad de mobiliario de diseño singular (bancos, pozos, arcos, pasos porticados,...) que conforman perspectivas orientadas y rincones de ensueño con iluminación a base de farolas altas y bajas.

Este conjunto residencial fue pionero en el planteamiento de objetivos basados en el análisis de la arquitectura rural en muchos casos en vías de desaparición, sirviendo como aportación a la cultura mediterránea. Sus conceptos básicos han sido adoptados por otros diseñadores para distintas edificaciones de esta costa.

costahispania

Santa Pola, Spain

A "personalized" design was sought for the homes in Costa Hispania, as opposed to the mere repetition of a preconceived pattern. The objective was a unit which would facilitate optimal family life as well as social relations, a place where inhabitants could relax and entertain - going back, in a way, to the Mediterranean style which marks the area's old towns. The exterior of the homes, white and sober, is reminiscent of "Mediterranean architecture". Traditional methods of construction were employed and the end result boldly displays the naturalness of dry wood and old tiled roofs.

The buildings are arranged so as to create "defined places", fashioning inhabitable spaces and always respecting the human scale. Porches and awnings protect the inhabitants from the summer sun, while allowing them to make full use of it in the colder months.

Lack of uniformity in the layout and the inclusion of details such as fountains and gardens, which invite one to linger, define the spaces created therein.

Lights are placed at ground level in the garden areas and, in general, the lighting contributes to the ambience of the walking paths and open squares.

Los jardines, las fuentes y los estanques, de vital importancia para los espacios abiertos interiores, envuelven y dan privacidad a las viviendas creando agradables sensaciones a los sentidos. Los caminos crean una serie de recorridos que permiten un atractivo y sugerente desplazamiento por el lugar.

The gardens, fountains and ponds, of vital importance in the open spaces of the inner courtyard, enclose and offer privacy to the dwellings, creating a pleasing ambience for the senses. The pathways make for an enjoyable stroll around the grounds.

Dentro de la búsqueda vernácula, se enfatizó la urbanización del recorrido a través de senderos entrecruzados en los que se suceden edificios y espacios singulares.

In the search for the vernacular, emphasis was placed on the development of intertwining pathways, along which one comes across the buildings and unique spaces created therein.

Camino interior / Inner path

Portico de acceso / Entrance path

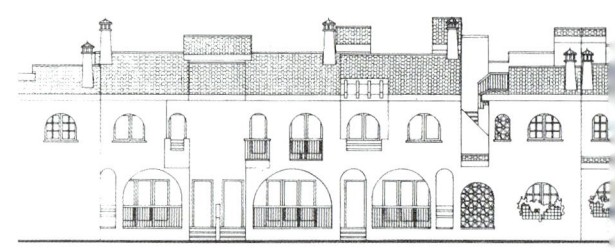

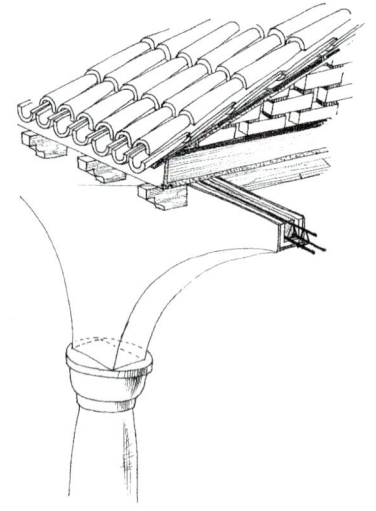

Uno de los aspectos mejor resueltos consistió en la generosa instalación de zonas con sombra. Éstas aportan frescura y permiten que la vida sea mucho más llevadera durante los meses calurosos.

One of the best-resolved aspects of the design is the abundance of shaded areas, which refresh and make life more bearable during the hot summer months.

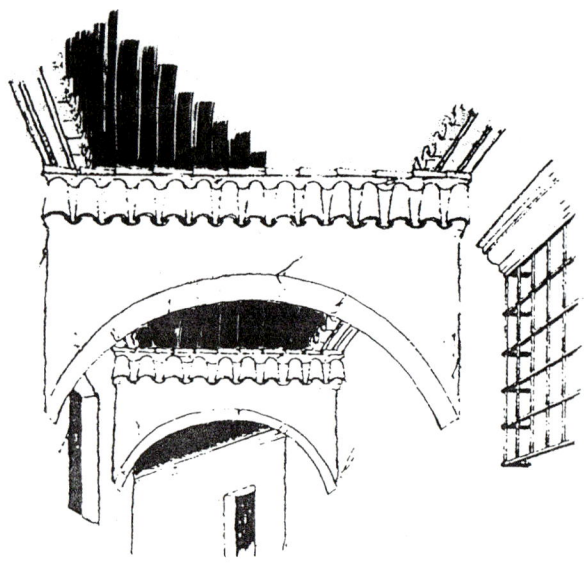

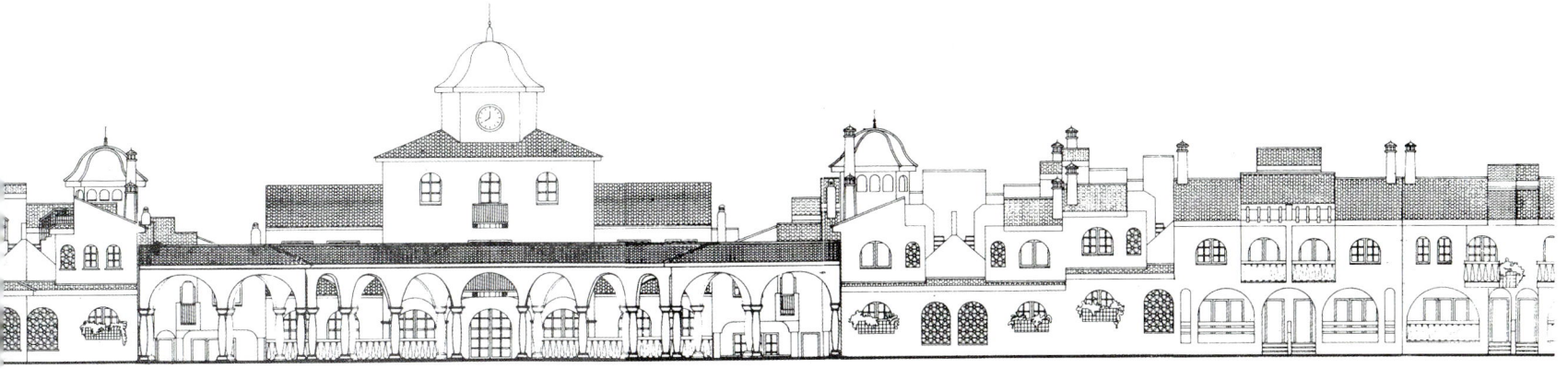

Fachada exterior del acceso y club social / Elevation of the main entrance and social club

Plaza de acceso / Entrance square

Plaza interior / Interior square

El agua, además de ser un elemento relajante, está presente en todo el conjunto para crear un microclima mas agradable. Las zonas de baño repartidas en varias piscinas dentro del conjunto ayudan a mitigar el calor y su diseño se acomoda al espacio comunitario en que se ubica.

Water, more than a relaxing element, is present throughout the complex to create a pleasant microclimate. There are various swimming pools, which help mitigate the heat and whose design is adapted to this community space.

Dentro del edificio comunitario de gran realce se localiza el Club Social. En este espacio se realizan actividades que incitan a la comunicación entre los vecinos, creando de este modo una identidad propia.

The elegant community building houses the Social Club, where neighbors are encouraged to get to know one another and join in group activities, thereby creating a community identity.

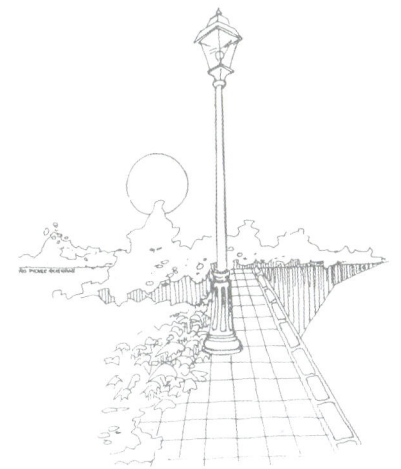

Estanque realizado "in situ" con piedras del tipo -escorias volcánicas- y a desnivel de la más alta a la más baja es de 1 metro

Pond done *in situ* with volcano rocks. Notice the change in level from the highest point to the lowest is one meter.

Plaza interior / Inner plaza

Detalle acceso al club social / Detail of the entrance

Detalle cúpula de remate / Detail of the dome

Vista en varios ángulos de las cúpulas que reposan en lo alto del complejo Costa Hispania, herencia de una arquitectura vernácula y de un típico reluciente azul cobalto.

A view of various angles of the brilliant cobalt blue domes, heritage of a vernacular architecture, resting atop the Costa Hispania complex.

El cuerpo y la vista reposan sobre estos bancos de cuidado diseño que se integran en el desarrollo común del espacio urbanizado. Verdaderos puntos de encuentro entre las áreas públicas y privadas.

Body and eye rest on these beautifully elaborated benches which fit into the overall design of the project and form links between the private and public areas.

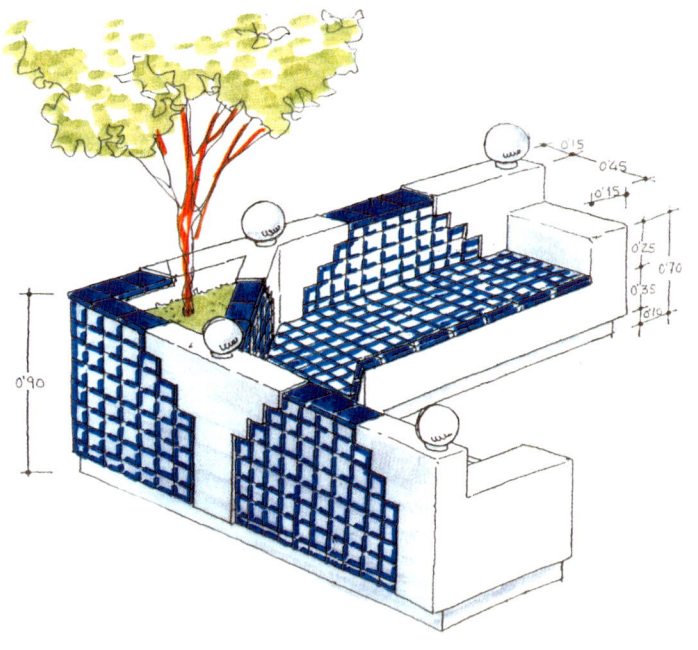

Bancos de los patios / Courtyard benches

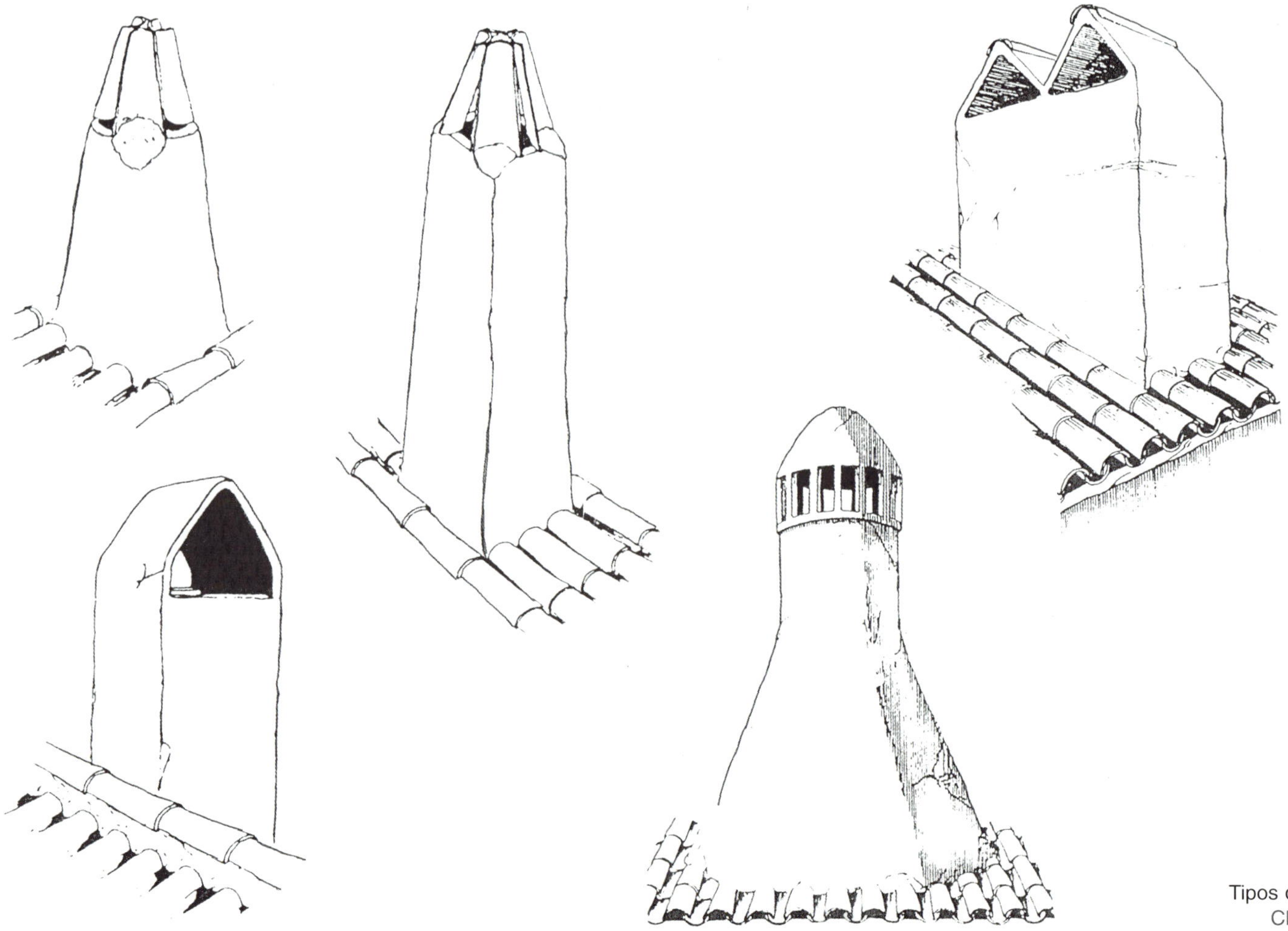

Tipos de chimeneas
Chimney types

Las fachadas adoptan el estilo mediterráneo característico de esta zona. Las ondulantes texturas, hechas con las manos, que recorren paredes encaladas, crean curiosas sombras que acercan todavía más la arquitectura al mar.

The facades adopt the area's characteristic Mediterranean style. Wavy textures running the length of whitewashed walls create curious shadows which bring the architecture yet closer to the sea.

Chimenea tipo 1 / Chimney type 1

Chimeneas tipo 2 / Chimney type 2

En este desarrollo urbanístico todo hace referencia al tiempo y a sus elementos de medida como son los relojes que según diferentes formatos y diseños indicarán la hora de diferentes ciudades del planeta.

Una torre de casi 200 m. de altura, que actúa de "gnomon" sería el nuevo hito dentro del skyline, a la vez que funciona en la base como un auténtico reloj de sol. En la parte superior se ha ubicado un restaurante giratorio y una cafetería y en su base locales comerciales con vistas a un lago rodeado por una cascada de agua.

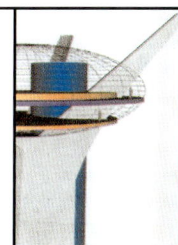

tempusmagicus

Benidorm, Spain

The reference points in this urban development are time and the measuring of it. Clocks of different sizes and shapes will give the time of different cities around the world.

A tower of nearly 200m, which serves as the "gnomon", would be the skyline's new landmark, while also acting as a sundial at the base. A revolving restaurant and cafeteria have been placed at the top and, at the base, there are shops with views of a lake surrounded by a cascade of water.

Calle de las horas / "Time Street"

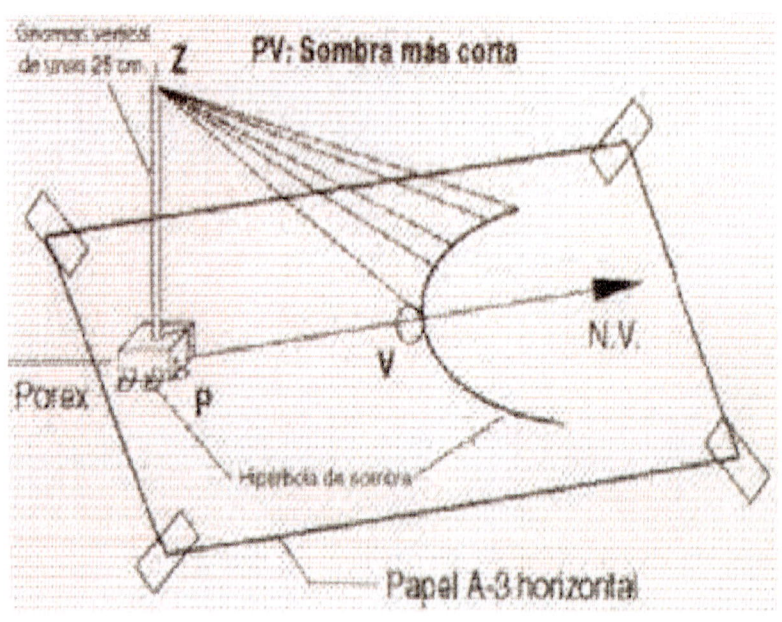

Estudio de asoleo / Study of sun exposure

Gnomon / Gnomon

Parque jardín y edificio solar
Garden park and solar building

El jardín mediterráneo, como elemento de convivencia natural, cuenta con áreas deportivas, parque infantil y un lago para crear un microclima ambiental.

The Mediterranean Garden, as an area for natural co-habitation, has areas set aside for sport, a playground and a lake for creating an environmental microclimate.

Boceto del restaurante giratorio, cafetería y museo
Sketch of revolving restaurant, cafeteria and museum

Edificio del sol / Sun Building

Gnomon y pueblo mediterraneo / Gnomon and Mediterranean village

Un área comercial y lúdica se desarrollará junto a la Carretera Nacional recreando un pueblo mediterráneo.

An area for shopping and entertainment in the style of a Mediterranean village will be built alongside the freeway.

Plano de localización / Site plan

Calle de las horas y pueblo mediterraneo / Time Street and Mediterranean village

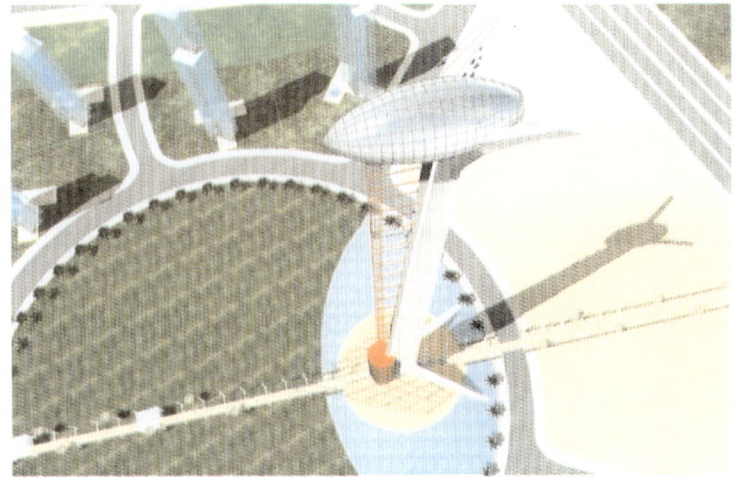

La Calle de las Horas, peatonal, circula elevada a través del jardín mediterráneo desde la zona residencial al pueblo mediterráneo y su recorrido está alternado por Funnys horarias o hitos paisajísticos a modo de estructuras de precisión de relojería que en número de 7 representan los días de la semana: Sol, Luna, Marte, Mercurio, Júpiter, Venus y Saturno e indican las horas de las distintas ciudades.

The "Time street" is a raised footpath which cuts through the Mediterranean garden from the residential area of the Mediterranean village, its route dotted with "Funny times", which are landscape markers patterned after time-telling conventions. There are seven, each representing the days of the week: Sun, Moon, Mars, Mercury, Jupiter, Venus and Saturn. They also give the time in different cities.

Calle de las horas / "Time Street"

Perspectiva de conjunto / Perspective of the complex

Funnys horarias /
"Funny times"

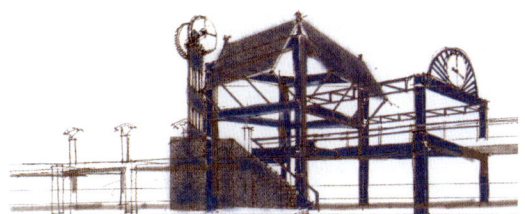

Funny LUNA

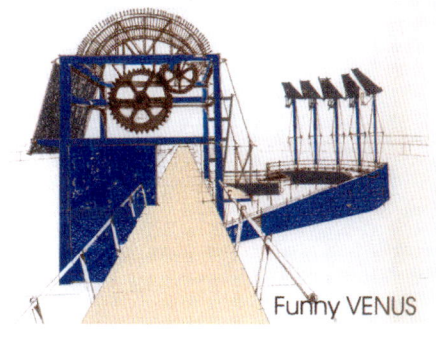

Funny VENUS

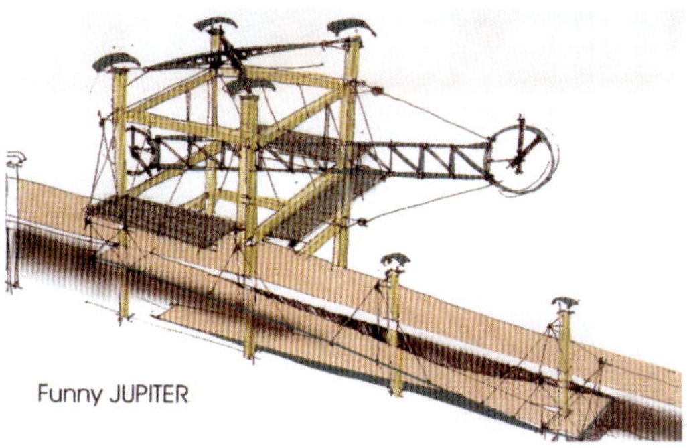

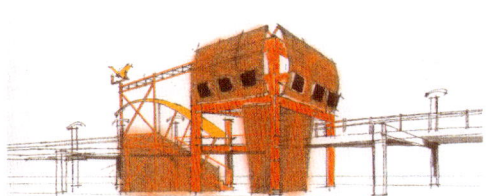

Funny JUPITER

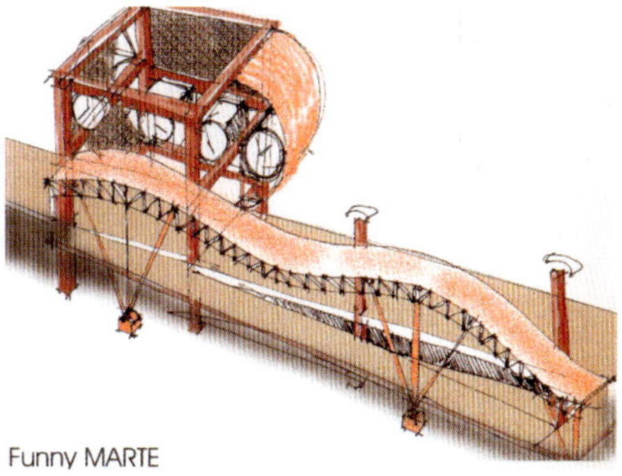

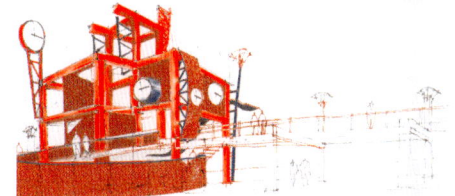

Funny MARTE

Funny MERCURIO

Funny SATURNO

Perspectiva desde la zona residencial / Perspective from the residential zone

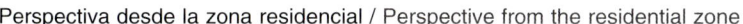

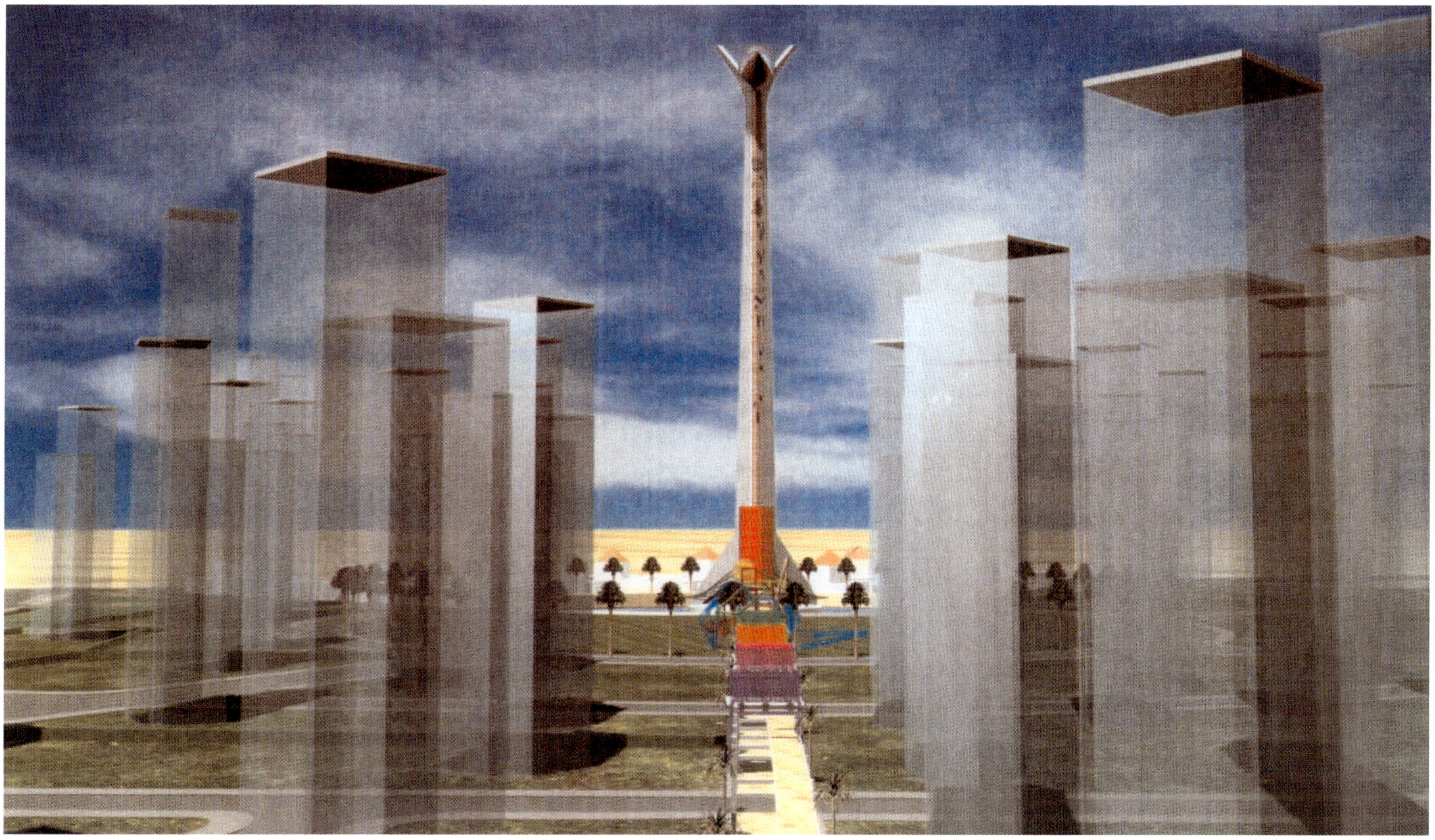

Entre los nuevos proyectos que actualmente está preparando Pérez-Guerras junto con su Equipo se han seleccionado algunos de los nuevos proyectos: Edificio In Tempo para Benidorm, Estrella del Mar en Marbella, Samaná golf en Samaná (República Dominicana) y Essendouss en Argel.

En estos nuevos proyectos se va claramente la importancia que el lugar adquiera para el Arquitecto, demostrándose que la nueva tecnología no está reñida con la ecología ni con la cultura.

Estos proyectos perfectamente localizados respetan el entorno y facilitan el contacto con la naturaleza que protegen y potencian.

Otra característica de estos proyectos es la nueva interpretación que el Arquitecto hace de las distintas arquitecturas vernáculas. Estas actitudes inventivas son nuevas concepciones de una arquitectura que va mucho más allá de la interpretación de lo existente, consiguiendo mantener la esencia pero adapatándose a las nuevas necesidades de la población, logrando de una manera muy sútil que el proceso edificatorio local llegue a sentirse identificado con el nuevo lenguaje que usa el Arquitecto.

futureprojects

Among the new projects which Pérez-Guerras, along with the rest of his studio, is currently working on, some are: Building In Tempo for Benidorm, Estrella de Mar in Marbella, the Samaná golf course in Samaná (Dominican Republic) and Essendouss in Algiers.

In these new projects, one can clearly see the importance that "place" holds for the architect, demonstrating that new technology is not at odds with ecology and culture.

These projects, with a perfect site location, respect the environment and facilitate contact with nature, which they in turn protect and enhance.

Another of these projects' characteristics is the new interpretation which the architect makes of the different architectural idioms. These inventive attitudes are new conceptions of an architecture which goes well beyond the interpretation of what exists, managing to maintain the essence while adapting it to the new trends of the population. In this subtle way, local building processes come to terms with the new idiom used by this architect.

essendouss Argel

El proyecto consta de tres partes diferenciadas en tres manzanas pero que se complementan: Un edificio de 25 plantas que ha concentrado la edificabilidad en la altura y ha liberado un gran espacio en la base para jardín, un área Residencial de Edificios de menor altura y emplazados dentro de un gran espacio natural con estanques, cascadas, caminos, club social y guardería infantil. Un pueblo comercial y lúdico dará servicio a los futuros habitantes de esta y otras zonas próximas.

Plano general / Master plan

Fachadas pueblo comercial
Facades of the shopping center

The project consists of three different –yet complementary– parts on three city blocks: a 25-story buildings which has concentrated the developable floor space along the height and has freed up a great deal of space at the base for a garden; a residential building area of lesser height, located on an expansive natural site, with ponds, waterfalls, walkways, a social club and children's daycare; and a shopping/entertainment center which will accommodate future inhabitants here and from nearby areas.

Fachada edificio residencial
Facade of the residential building

Espacio residencial
Residential space

El edificio-torre se convierte en el punto de atención del conjunto, siendo éste como una pequeña ciudad capaz de ofrecer todos los servicios requeridos por la comunidad. Los motivos árabes están aquí del todo justificados a pesar de que estén adaptados a las nuevas necesidades de la población.

As a small city capable of providing all of the community's necessary services, the tower is the complex's focal point. The Arab motifs are entirely justified here, albeit adapted to the population's new needs.

in-tempo Benidorm

De nuevo el eco-sistema y la creación de espacios para la convivencia va a servir de modelo para el entorno edificado. Cuando las actividades constructivas tienen como marco la naturaleza, el emplazamiento del proyecto, debe comportar la mínima ocupación por el edificio en la base a fin de liberar el máximo espacio y poder distribuir el área comunitaria sin alterar la ecología existente al añadir las nuevas áreas ajardinadas que conlleva, dando a todo una solución global en su conjunto.

Again, the ecosystem and the creation of co-habitable spaces will serve as a model for the buildings in the area. When the construction site is framed by natural surroundings, the building should be designed so as to occupy the minimum amount of floor space in order to free up the maximum amount of space at the base. Community areas and new gardened areas should be distributed without altering the existing ecology, thereby providing a general solution for the needs of the project.

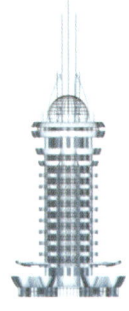